技職領航
影響四十

40

台科大 40 個
翻轉人生
的成功故事

台科四十 領航國際
TAIWAN TECH 40TH ANNIVERSARY

國立臺灣科技大學
NATIONAL TAIWAN UNIVERSITY OF SCIENCE AND TECHNOLOGY

名人推薦

台灣的經濟發展與台灣的技職教育有著緊密的關係，技職人才代表的是台灣經濟及產業的競爭力，也是台灣經濟繁榮的象徵。臺灣科技大學為台灣培育的不只是基礎的職業人才，而是具有實作能力、又有深厚專業技術能力的專才，《技職領航 影響四十》描述這些頂尖技職教育人才撐起台灣的一片天的故事，值得大家借鏡學習。

前副總統 蕭萬長

台科大是一所獨特的頂尖大學，創校四十年秉持精誠校訓，質樸誠毅校風，卓然有成。個人深感榮幸曾服務化工系，見證師生夙夜匪懈辛勤耕耘。《技職領航 影響四十》一書匯集四十位傑出校友事蹟，分享人生經驗與奮鬥歷程，足為學子與社會青年朋友借鏡，典範可風，樂於推薦。

總統府國策顧問 施顏祥

技職教育是國家產業升級根基，也是經濟起飛關鍵動力，為國造就無數扎根人才，國立臺灣科技大學創校以來，已歷四十寒暑，始終扮演技職領航員的角色。《技職領航 影響四十》一書，藉分享書中人物成功翻轉人生的故事，為青年學子引領另類價值的道路，選技職、立志向、勤努力，必將有所成，本書值得一讀。

教育部長 吳思華

台灣要與世界競爭，靠的就是透過「教育」來培育優秀的人才，臺灣科技大學四十年對技職教育、台灣經濟成長及人力培育深具貢獻。《技職領航 影響四十》中講述技職教育出身成功人士故事，便是打破傳統升學主義，強調適才發展的最佳典範！相信這是一本能夠啟發學子的勵志書籍，讓學子找到學習典範！

前教育部長 吳清基

台科大是台灣第一所技職教育高等學府，四十年來為技職教育體系培育人才無數，時值技職教育面臨挑戰與轉型關鍵，台科大以發展兼具科技創新與產業應用的國際化應用型大學，引領技職教育走出新里程。本書四十位台科大傑出校友的經驗分享，是技職教育成功的最佳代言人，誠摯推薦《技職領航 影響四十》給所有想要選讀技職教育及深入了解技職教育的人。

教育部技職司司長 李彥儀

企業發展，人才是核心，優秀的人才培育有賴學校與企業結合。了解人才培育的重要性，正崴與台科大開創產學合作新模式成立「正崴台科大技術研發中心」，台科大協助業界解決問題，進行技術開發，增進研發實力與能量，成果卓越。《技職領航 影響四十》一書中，有許多企業人士的奮鬥成功的故事，也看出台科大在台灣產業的重要貢獻，年輕學子可以透過這些故事奮發向上，而讀者也可透過本書汲取他們的成功經驗。

正崴精密科技董事長 郭台強

產業界都知道，台科大的學生有理論與實務兼具的特質，因此，在職場都頗受歡迎，2013 年底，上銀與台科大、台中高工展開了機械、電機領域的產學攜手計畫，互動中深切體認台科大的教育為紮實的實作訓練與務實的學術研究、相輔相成，正是孕育未來將才的搖籃，而此書恰可作為最佳註解；相信書中的成功經驗必然可以鼓舞每顆年輕、熱忱躍動的心，一同實踐理想、成為社會的中堅力量！

上銀科技董事長 卓永財

台大與台科大及台師大組成「國立臺灣大學聯盟」，三校以地利之便加上各自專長領域，資源互補、實質合作，為三校師生提升視野帶來最大效益。三校透過資源整合，開拓國內大學合作的新藍圖。台科大是技職最高學府，向來以工程科技見長，加上應用型研究的頂尖實力，是國立臺灣大學聯盟不可或缺的重要角色，希望台大與台科大未來的合作更為緊密。祝福台科大，四十生日快樂！

國立臺灣大學校長 楊泮池

大學是知識的搖籃、培養人才的搖籃，校友是衡量一所大學教研水平的主要標準。臺灣科技大學沒有輝煌的百年校史，但歷來注重產學研合作，為台灣產業、技職教育做出令人稱道的貢獻。相信《技職領航 影響四十》可給各位諸多啟示和鼓舞。

香港城市大學校長 郭位

科技與人文不是兩條平行線，而是如同 DNA 的螺旋結構，互為支持，交互影響。不可能孤單一線前進，而能有高度發展。台科大是擁有科技學術，又富含人文底蘊的大學，因為有這樣完整的 DNA，格林文化才有機會能與台科大合作，未來在竹北校區共創人文與科技結合的繪本館，希望能為台科大注入更豐富的能量。《技職領航 影響四十》以記實架構與生動文字陳述四十位人物的「人生逆轉勝」故事，讀者可從中一窺他們如何從困境中為自己找到人生的精采，相信正在探索人生路途的學子們看了本書將會獲得啟發！

格林文化發行人 郝廣才

序一

1971 年我在明志工專擔任校長，在那個時代，職業學校、專科學校的畢業生，幾乎很難有升學管道，因此，我向教育部提出建立技術職業教育一貫化體系計畫，讓大家樂於進入專科職業教育體系，畢業後不但可以就業、服務社會，同時還有晉升、求學的機會。1975 年，我在教育部擔任次長，該計畫被批准後，便著手成立國立臺灣技術學院（1997 年改名國立臺灣科技大學，以下沿用）的規劃工作。當時的蔣彥士部長不但支持建立技術職業教育體系，更希望就由我來擔任該院院長。

那時，台灣的經濟與工業開始發展，需要培育高級的工程技術與管理人才。當時進入台科大的同學都必須有工作經驗，有些同學甚至已經當上廠長了，為了追求更專精的技術、更專業的管理，都暫時放下手邊的工作進入台科大。他們不但是優秀的專業人才，更是社會中堅，也為台灣的科技、經濟起飛做出貢獻。當時的台科大代表的是台灣工業科技產業的競爭力，也是台灣經濟繁榮的象徵！

四十年後，臺灣科技大學已是著名的技職教育高等學府，培養專業技術能力、又有研發能力的專才。從台科大畢業的校友已有六、七萬人，數萬學子獲碩士、博士學位，這些高級頂尖的技職人才是數十年來台灣社會、經濟發展的重要支柱。

台灣社會和經濟正面臨非常大的轉型，年輕人也意識到要想就

業，就必須要有一技之長；憑自己的能力來生活，是最安心、最有保障、有尊嚴且富足的生活！

《技職領航 影響四十──台科大 40 個翻轉人生的成功故事》是記錄台科大部分校友精彩人生奮鬥的過程；他們務實、肯作、努力、不畏艱難，技職人的特色和成就的故事，一定能帶給年輕人一些啟發！

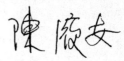

國立臺灣科技大學創校校長

序二

　　台科大是一所獨特的科技大學。我們在 1975 年成立，迄今已滿四十年。當時，台灣要培養科技人才，讓已經有工作經驗的專業人才能重返校園，取得大學學士學位，因此，政府邀請陳履安博士創辦國立臺灣工業技術學院，也就是今日的台科大。

　　現今，走進台科大校園，在綠地上可以看見一群學生熱烈地討論著，處處也有國外學生在走廊交流，校園充滿創新活力的氛圍，台科大已轉變成一所以實務研發、創新教學、國際合作聞名於亞洲乃至世界的科大名校。

　　創校四十年來，台科大有長達十七年是技職體系中唯一的大學，這時空背景為台科大樹立深厚學術基礎。當時就讀台科大的學生都是擁有工作經驗、必須離開工作崗位、全職就讀的學生，他們對進修下定決心，很清楚自己所需的訓練與學習，造就台科大兼具學術與實務的獨特定位。

　　《技職領航 影響四十——台科大 40 個翻轉人生的成功故事》一書中，匯集的就是這個時空背景下的台科大同學們，他們不斷成長奮鬥的故事，這群校友在各行各業中發光發熱，透過他們成功的人生故事，可看出台科大在台灣產業的重要貢獻。

　　希望這四十位台科大傑出校友寶貴的人生經驗，可以讓大家了解技職體系出身的人士如何擁有一技之長、超越自我、貢獻社會，也讓莘莘學子能從中學習經驗、探索職涯發展，本書不僅能

鼓舞大家選讀技職，也為台灣技職教育注入一劑強心針。

　　台科大今年已邁入四十週年，這四十年來，台科大懷抱著使命感，認真辦學，我們不負社會與國家的期待，不但擠進國內頂尖大學行列，更在亞洲甚至國際上享有很好的聲譽。未來，台科大將以更積極的腳步、持續深耕，帶領技職領航於國際，朝著實務創新的亞洲一流科技大學邁進。

國立臺灣科技大學校長

廖慶榮

目錄

夢想的實踐家

（台科大名譽博碩士，依獲頒年份排序）

2
打造夢土的工程師

（依畢業年份排序）

3
0 與 1 的魔法師

4
組織眾人智慧的管理家

一

夢想的
實踐家

智慧、勇氣、誠信的人生

<u>刑事鑑識專家</u> 李昌鈺

享譽國際的刑事鑑識專家李昌鈺於 2007 年 6 月 16 日於臺灣科技大學畢業典禮上獲頒名譽科技法律博士學位。在台灣獲贈第一個名譽博士學位的李昌鈺以「分享人生經驗」為題，以「智慧、勇氣、誠信」期勉畢業生，並暢談數十年投入鑑識工作的甘苦談。

有起點就能邁向成功

李昌鈺博士在致詞中勉勵台科大畢業生以「智慧、勇氣、誠信」作為自己人生的目標，他指出，同學們在台科大讀書，已獲得科學研究的專業智慧；而他以自己看過柯林頓的西裝、陳水扁總統的肚皮為例，期許同學面對有名有錢的人也能保有勇氣，並希望同學在職場上能秉持著誠信的精神，只要努力，每天走一步，有了起點就能朝成功邁進。

李昌鈺博士近半世紀以來協助調查八千多起重大案件，並於 1998 年出任康州警政廳廳長一職，是第一位出任美國州級警政首長的華裔人士；在學術成就上，已撰寫出版兩百篇學術論文與

■ 李昌鈺博士於 2007 年 11 月 23 日來台科大演講

四十本學術著作，他偵辦過的許多刑案都成為國際法庭科學界與警界的教學範例。李昌鈺博士說，很多人問他為什麼還有時間寫書？他表示：「我每天只睡四小時，每次我太太煮完飯，不到五分鐘就吃完，累積這些時間就可以做很多事。」

獲頒台科大名譽博士學位

名揚全球的李昌鈺博士在學術或專業上的成就都無庸置疑，為表揚他的特殊成就與貢獻，台科大頒贈李昌鈺名譽博士學位，推崇其傑出成就對台灣科學領域的非凡貢獻，並勉勵台科大的學生能向這個「榮譽學長」學習，畢業後也能發揮所長、有所成就。

李昌鈺博士期許台科大的學生能在技術研究上有所貢獻，讓警察、鑑識等工作人員能應用在現場偵查上，他認為治安的工作需要科技的配合，很高興台科大與中央警察大學結成姊妹校，期望兩校能共同為科技治安上的合作與配套上努力。

■ 2010 年 12 月 14 日李昌鈺博士工作室揭牌

以科技協助穩定治安

　　陪同李昌鈺博士來訪的前警政署長謝銀黨先生，則是勉勵同學重視人類安全的問題，期望借重台科大同學在科技上的傑出表現，能協助治安的穩定。

　　李昌鈺博士也於 2010 年 9 月在台科大設置「李昌鈺博士講座」，由正崴公司郭台強董事長捐助設立，敦聘瑞典皇家科學院院士趙光安博士擔任講座教授。

　　李昌鈺博士物證科學教育基金會謝銀黨董事長表示：「李昌鈺

■ 與前教育部長吳清基（左四）及台科大歷任校長為台科大三十五週年校慶切蛋糕

博士是台科大名譽博士，李博士很樂見臺灣科技大學成立李昌鈺
博士講座。期望台科大能聘請更多國際知名學者擔任李昌鈺講
座，增進學術研究能量與國際能見度。」

台科大李昌鈺講座工作室

　　李昌鈺博士與台科大深厚淵源不只於此，2010 年年底，在台
科大成立「李昌鈺講座工作室」，並舉辦李昌鈺博士座談會，和
台科大師生暢談「從甘迺迪案談物證科學與科技整合」，還特別
利用 3D 影片解讀甘迺迪總統暗殺一案，讓物證科學藉由 3D 動

■ 於 2007 年獲頒台科大名譽博士

畫更為生動、也讓人更容易了解。

「台科大李昌鈺講座工作室」設置在台科大研揚大樓 10 樓，
未來將扮演台科大跨校、跨領域、跨國的合作窗口，整合台科大
工程、電資、管理及設計各專業領域及台科大校內各項資源。

整合物證科學與科技

李昌鈺博士表示，鑑識科學涵蓋化學、物理、生物、工程、醫
學、資訊、環境、心理和法律等相關領域學科，是一門跨領域的

■ 李昌鈺博士與廖慶榮校長（右）合影

整合型學科；物證科學人才需仰賴科學新技術，鑑識科學與材料領域亦息息相關，希望透過「台科大李昌鈺講座工作室」成立，將物證科學與科技充分整合。

李昌鈺　　台科大名譽科技法律博士 2008 年　現職：國際知名鑑識專家
主要經歷：紐海文大學刑事科學助理教授‧紐海文大學終身教授
　　　　　康乃狄克州警政廳刑事化驗室主任兼首席鑑識專家
　　　　　康乃狄克州警政廳長

用生命
實踐環境保育

國際知名保育專家 **珍古德**

　　1960 年，一名年僅二十六歲的英倫女孩抵達東非的坦干伊喀（Tanganyika）湖岸，在湖邊的岡貝野生自然保護區（現為岡貝國家公園）著手當地黑猩猩族群的生活、行為、社會階層等研究與觀察。岡貝國家公園崎嶇、悶熱、缺乏物資，但她不以為苦，一待就是數十年。這位外表纖細柔弱內心卻無比堅毅勇敢的女子，就是知名國際保育專家、身兼聯合國和平大使的珍古德博士（Dr. Jane Goodall）。

　　珍古德在坦尚尼亞的非凡成就為靈長類研究奠定基礎。除了對黑猩猩的研究，珍古德也熱心投身環境教育和公益事業，1977年創立「國際珍古德協會」，進行野生生物的教育和保育研究計畫，在促進黑猩猩保育、推廣動物福利、推進環境和人道主義教育等領域進行許多卓越成效的工作。2008 年珍古德更獲頒臺灣科技大學人文社會名譽博士，希望鼓勵同學能學習她冒險犯難、鍥而不捨追求理想的精神，並關懷全球社會及生態保育。

■ 珍古德和同學對談分享推廣環境保育理念

兩歲結下珍貴的緣分

1934 年 4 月 3 日珍古德出生於英國倫敦，並在英格蘭的南方海岸伯恩茅斯（Bournemouth）成長。在珍古德兩歲的生日時，父親送她一個美麗的、像極真猩猩的玩偶 Jubilee（為紀念於倫敦動物園內出生的小猩猩所發行的紀念玩偶）。珍古德父親的朋友原本擔心送這樣的禮物給小孩會讓小孩作惡夢，然而珍古德卻愛極了這個玩偶，直到今日 Jubilee 仍坐在她英國家中的椅子上。這個時候，珍古德博士已與黑猩猩結下珍貴的緣分。

珍古德童年最喜歡的書便是關於動物方面的，包括《杜立德醫生》（Dr. Doolittle）的故事、關於泰山的書、叢林的故事。十歲左右，她決定長大後要到非洲和野生動物們住在一起。在當時，對一名小女孩而言，想去所謂的「黑暗大陸」非洲，可真是個極端的抱負。但是珍古德從母親那裡得到鼓勵，她說：「珍，如果真的想要一些東西，你只要努力工作，把握機會的優勢，並且絕不放棄，你將會經由某種未知的原因找到道路。」

珍古德認為母親是讓她自由自在探索大自然、追逐夢想的最大

後盾。珍古德說：「別人笑我的時候，她永遠對我的決定給予最大的支持，也因此在我心裡種下對人、對動物、對周圍環境的愛。」這對她後來從事黑猩猩研究，甚至決心投入保護野生動物、推廣青少年環境教育都有很大影響。

從摩登倫敦到原始非洲

二十三歲那年，在倫敦的紀錄片工作室擔任秘書工作的珍古德，受邀到朋友位在非洲肯亞的農莊小住。這次的旅行再度觸動她想在非洲研究動物的渴望。湊足旅費到達肯亞後，珍古德主動拜訪時任自然史博物館館長的李基（Louis S. B. Leakey）尋求機會。只有高中學歷的珍古德用她堅定的信念與動物的熱情感動了李基，李基決定聘她擔任研究助理，是珍古德前往坦尚尼亞研究黑猩猩最重要的推手。

從現代摩登的倫敦到自然原始的坦尚尼亞，被問及真的與野生動物生活後，是否與最初的想像有落差時，珍古德不假思索的回答：「幾乎沒有，一到那裡，我就覺得自己回到了家！」即便如此，最初研究並不順利，黑猩猩一見她就逃竄得無影無蹤。珍古德卻不曾退縮，原因是：「媽媽一直鼓勵我，告訴我『永遠不要放棄』。」

皇天不負苦心人，珍古德逐漸讓黑猩猩習慣她的存在，她也開

■ 珍古德親吻自己在台科大所種植的樹木

始掌握黑猩猩的生活習性，並陸續提出新發現，包含黑猩猩吃肉、會製造工具、等級制度、溺愛行為等，顛覆了傳統學者的想像，並為人類靈長類研究往前邁進一大步。1962年更在李基安排下到劍橋大學攻讀博士班，靠著努力與紮實的田野研究，珍古德1965年獲得劍橋大學動物行為學博士學位，旋即又回到坦尚尼亞籌設岡貝溪研究中心。

年輕人就像根與芽

「站出來，為堅信的價值奮鬥」，自1980年代起，珍古德發現人類的濫墾濫殺，已導致黑猩猩瀕臨絕種，於是她開始演講、催生基金會與黑猩猩保護區。1977年珍古德創設了「珍古德協會」，致力於推進全世界範圍的野生動物保育和環境教育計畫。

珍古德深信「每個人都可以造成改變」，而「教育是改變的根本」，因此1991年，在坦尚尼亞家中的陽台，她為青少年成立了環境教育與人道主義的學習組織「根與芽」（Roots and Shoots），從十二名非洲高中生開始，到現在已遍佈全球一百多個國家，超過一萬個根與芽小組成立。

「根與芽」的名稱，來自「樹木」在珍古德心中的象徵意涵。珍古德認為，年輕人就像根與芽，儘管眼前擺著困難，但只要行動，他們就能改變未來！珍古德說，人類不是繼承上一代資源，而是向下一代預借資源，每個人每一個決定，都會對地球造成影響。她說，自己有三個孫子，想到人類所做一切如何影響下一代，就促使她全力推動「根與芽」計畫，呼籲更多年輕人行動。

四訪台科大，種下希望樹

珍古德來自英國，在非洲進行研究，卻對台灣土地相當熱愛，訪台十餘次，然而特別的是工科聞名的台科大卻與珍古德博士有著深厚淵源。從 2001 年珍古德初次訪台科大，並為台科大種植第一株象徵「希望之樹」的樟樹開始，珍古德就將環境保育的種子深深植入台科大師生心中。

2008 年台科大頒授人文社會名譽博士學位給珍古德，並將 11 月訂為「愛地球月」，每週推出環保科技、節能減碳、珍古德博士靜態展等主題活動，更發起三樓以下拒搭電梯、不用免洗筷與不破壞生態環境的「三不政策」運動。珍古德更與前副總統蕭萬長在台科大種下「希望之樹─烏心石」持續散播環境保育概念。

身為台科大名譽博士的一員，台科大就如同珍古德的娘家一般，而她的理念也在台科大深根茁壯。2012 年「根與芽」社團

■ 為台科大植下二株「楓香」，象徵傳播環境保育理念的希望之樹（左起：台科大校長廖慶榮、珍古德博士、國際珍古德教育及保育協會理事長金恆鑣）

正式在台科大成立，台科大也為珍古德博士設立一座「愛在大地」的公共藝術，展現生命共存理念，讓學生更了解生態保育及環境的意義。同年，珍古德返台科大參與「愛在大地」的揭碑，再為校內種下第三棵樹，並透過演講與學子分享環境關懷點滴。

　　珍古德迄今已來訪台科大四次，每次到訪都會為台科大植下樹木，希望透過植樹將環境保育概念的種子散播到同學心中。2014年珍古德再為台科大植下二株楓香，並與台科大、台大、台師大的「根與芽」社團成員對談。對她而言，這些樹木象徵的是環境保育概念在此的深根茁壯，而「根與芽」的同學們則是環保理念的實踐者。珍古德博士的理念也深植台科大，除了台科大根與芽社團長期投入台灣本土保育活動，台科大師生更以包含「魚菜共生系統」、環保綠建材等環保科技上的成就支持響應。

■ 珍古德博士到台科大演講

不要為錢而活

　　珍古德指出，全球面臨的幾個重要問題，都是人們以「錢」這樣的經濟層面為優先考量，因而造成企業為了讓產品在削價競爭下生存而破壞環境或是第三世界的人口販賣等問題。這也是為什麼她極力於全球推動「根與芽」計畫，因為她希望透過這群年輕人的力量讓「以錢為先」的觀念能獲得改善。珍古德強調：「我不覺得賺大錢是不好的事，我們都需要錢來生存並將之使用在改善人類生活的地方，然而若是為了錢做了錯誤的事，那就是『為錢而活』。」

　　珍古德提到這世代的年輕人面臨的三大問題：一是可怕的貧窮，現在有許多人的生活遠低於貧窮水準，為了免於挨餓只好砍

伐樹木或是其他傷害環境的事情；二是資源的非永續性解決；三是拉丁美洲、非洲、東南亞等國家居高不下的生育率問題。為了面對這三大問題，她認為年輕人應該聚集在一起，透過集思廣益激盪出可能的解決辦法。她說：「『根與芽』就是一個很好的平台，讓年輕人找到他們有熱情的專案，他們得幫忙動物、人們及我們所共享的環境。」

從勇敢逐夢到傳遞希望

珍古德博士一開始並沒有上過大學，最高正規教育也只到高中，然而這並沒有妨礙她日後追求自己的夢想，之後她不僅如願以償到非洲研究，更獲得劍橋大學博士學位，為自己開創精彩有意義的人生。珍古德笑說，如果當初沒有毅然拋下安穩的工作跑到非洲研究猩猩，一切根本不會發生，因此她勉勵年輕學子「永遠不要放棄做自己有興趣的事！」

她說，賺錢雖然可以讓你生活無虞，但不能讓你快樂。只有做自己想做的事，才能真正讓你快樂。從勇敢逐夢到傳遞希望，這股「珍古德精神」就是鼓勵人們學習她堅定不移的信念和力量！

珍古德　　台科大名譽人文社會博士 2008 年　現職：國際知名保育專家
主要經歷：英國劍橋大學動物行為學博士

台灣企業
環保長‧科技教父

台達集團創辦人 **鄭崇華**

　　台達集團創辦人鄭崇華先生，1936 年出生，大學畢業後，先後在亞航與美商精密電子公司任職近十年。時值台灣開始推動科技產業，於 1971 年運用籌備的三十萬元，在台北新莊創立了台達電子。歷經艱辛的創業過程，台達目前已成為全球電腦、電信、消費性電子、以及網路通訊產業的世界級電源產品領導品牌。1990 年，設立台達電子文教基金會，推廣各項環保與節能教育，台達成為綠色企業的典範。2013 年台灣燈會，更以台達永續之環，將科技、文化與永續結合成對人類的祈福。

科技產業的表率

　　鄭崇華先生創新創業的精神，秉持著實在的力量，為技職教育之表率，被媒體譽為台灣第一位企業環保長與科技教父。

　　臺灣科技大學 2013 年 6 月 8 日舉辦畢業典禮，頒發名譽博士給台達鄭崇華創辦人。鄭崇華創立台達，秉持創新創業的精神，不僅讓台達成為世界級電源產品領導品牌，對台灣科技產業有著

■ 台達集團創辦人、榮譽董事長鄭崇華

特殊貢獻，更長年推動綠色環保，近年來關心技職教育，重視技職人才培育及產學落差等問題，對技職教育奉獻心力，因而獲頒台科大名譽博士。

鄭崇華是福建北部鄉下長大的孩子，讀完小學五年級就跳班去考初中。他回憶：「這其實是一個錯誤，小學六年級的數學有很多沒有學過，所以到初中時我數學一直不好，我還告訴爸爸說，數理非我所長，不要希望我長大後會在科技的行業去發展。」

數學八十分才算及格

因為戰亂，鄭崇華來到台灣，上了台中一中，這時父母不在身邊，壓力非常大，生活費和學費都沒著落，深怕沒有辦法讀書。此外，「我知道我的數學不好，心想到了台中一中這種好學校，如果我的數學不好，誰願意去幫忙功課這麼差的孩子。」鄭崇華回憶道。

於是在這種壓力之下，鄭崇華反倒希望把各個功課都讀好，尤其是把數學學好。他說，「在台中一中時遇到很多好老師，所以，在讀數學的時候就非常專心，不管喜歡也好、不喜歡也好，都努

■ 台科大校長廖慶榮（左）頒發名譽博士學位給台達電鄭崇華董事長

力學習。在一次小考得到了滿分，後來只要數學分數少於八十分，老師就會來問我怎麼沒考好，所以，我就把及格從六十分提到八十分，認真的學，因為這樣，我後來對於數學、科技、天文的東西都非常感興趣。」

艱苦的磨練反而是一種幸運

透過親友的協助幫忙，鄭崇華靠著獎學金、打工，繼續就讀，一路進入高中、進入成功大學。他表示：「之前的經驗，在當時，我覺得是一種不幸，現在想起來，這是人生難得的一個磨練機會，是一個很大的幸運，讓自己更有能力去承受壓力，更有能力去解決問題，沉著的解決工作上的種種困難，進一步實現我的理想目標。」

■ 台達集團不僅對台灣科技產業有特殊貢獻，更長年推動綠色環保

　　四十多年前，在外商公司任高階主管，鄭崇華放棄薪水比上班族高兩倍、上下班有專車接送的優渥工作，在新莊草創了做電視線圈的小工廠，也就是台達電子。鄭崇華說，當初創業的動力，是希望透過自己的產品，幫忙別人解決問題。現今的台達已是全球最大的電源供應器廠商，其所提供的節能產品與方案，更於2010 至 2013 年節省約 119 億度電，相當於減少近 640 萬噸的二氧化碳排放，台達讓台灣的企業能站在世界的頂端、為地球貢獻心力。

綠建築節能，減緩氣候暖化

　　建築物的能源消耗，佔能源總消耗量的四分之一到三分之一，同時還會排放大量溫室氣體。建築設計與建造方式，對於日後的能源消耗影響久遠。建築物的隔熱、照明、空調、熱水供應，以及周邊環境座向、氣流……等，都有許多改善的空間。為減少能源消耗，減緩氣候暖化，鄭崇華曾於 2004 年親自帶領團隊到德國和泰國參觀綠色建築，自此，鄭崇華決定台達未來所有新建的建築物都是綠建築。2011 年底落成的台達桃園研發中心，使用台達自行研發的節能工業自動化產品和控制系統，是名副其實的「自動化智慧綠建築」。已使用十五年的台北總部大樓，從照明、空調、電梯等處著手改造，亦獲得既有建築改善類別的「鑽石級」綠建築標章。莫拉克風災過後，由台達所捐贈的那瑪夏民權國小，全年每平方公尺的用電量只需 7 度，達到淨零耗能。目前台達全球已經有十一座獲得認證的綠建築廠辦及學術捐贈，台達全球綠建築廠辦，2013 年共節省逾 1,200 萬度電，綠建築節能必須持續推廣。

關心技職教育，翻轉學用落差

　　台達讓台灣的企業能站在世界的頂端，靠的就是台灣優秀的人

■ 台達集團持續推廣綠建築節能，為地球貢獻心力

才。鄭崇華一直關心台灣人才問題。他說：「台灣經濟的起飛，技職人才扮演著關鍵角色。一直以來，我重視技職教育的發展，也擔任教育部人才培育白皮書中技術職業教育組的召集人，除了大聲疾呼台灣的企業和政府應加強技職教育的人才培養，更邀集專家學者討論技職教育的定位、產學合作等議題。」鄭崇華期許台科大培養出務實致用、手腦並用、兼具產業知識與紮實技術的高階技術人才，增進台灣的人才競爭力。

　　好的教育可以改變下一代，啟發學子們的學習熱情；尤其MOOCs（Massive Open Online Courses, 大規模開放式線上課程）這樣的科技變革，能為教育帶來極大的創新。台灣其實有不少大學，都已開始嘗試製作MOOCs課程，但就如同整體高等教育大環境一樣，技職教育體系這一塊，政府投入的資源並不夠多，但

■ 關心技職教育，重視人才培育，台達與台科大等三所頂尖科大合作學程

這是未來台灣的工業想要繼續升級發展的關鍵。在鄭崇華的理念下，台達基金會委由彭宗平校長密集的與國教院及國教署聯繫，隨即組織了最優秀的高中與高工課程團隊，準備為台灣的教育寫下歷史。同時，台達今年選定台科大等三所頂尖科技大學，與台達共同先由自動化學程合作，希望能走出一條不一樣的道路。

不斷學習，堅持面對艱難

鄭崇華和台科大畢業的同學說：「畢業不是學習終點，是人生學習過程中階段性的里程碑，高等教育是訓練我們思考邏輯，啟發我們的興趣和創意，充實學習與知識，培養為人做事、道德倫理，認真負責的工作態度和習慣。」

他期望年輕人踏出校門以後，不論是繼續深造或是就業，在這

■ 與台達經營團隊合影

個知識快速進步的時代，必須不斷學習、吸取新知，讓我們有能力自我尋求自己需要的新知識。在科技日新月異的今天，畢業是另外的學習、另外的開始，更應該做到老、學到老。在就業後，碰到一些艱鉅的困難，更要能堅持下去。他以人生的歷練告訴大家，「艱苦的歷練，更讓人有能力和信心去面對工作的挑戰。」

鄭崇華　　台科大名譽工學博士 2013 年　現職：台達集團創辦人
主要經歷：亞洲航空航太儀器工程師‧美商精密電子公司工程師
　　　　　台達電子董事長

打造跨國界
平民美食王國

85 度 C 集團董事長 **吳政學**

　　沒有顯赫的學歷，來自雲林鄉下的吳政學，豐原國中補校畢業，二十幾歲就開始創業，深具生意頭腦的他，開過髮廊、飲料連鎖店「休閒小站」、「熱到家」披薩，並以「85 度 C 咖啡」建立跨國的平民美食王國。成為 85 度 C 咖啡董事長的吳政學說，年輕人不要只是在家裡空想，應有自己的想法，遇到挫折要能屈能伸，抱定目標後全心全意投入並持續努力。

十萬元創業，英雄不怕出身低

　　吳政學來自雲林縣口湖鄉，因家境不好，小學及國中轉學九次，豐原國中補校畢業後，東方工專沒念完就去當兵。當兵時就學理髮為工作做準備，退伍前思考未來出路，在翻閱台塑創辦人王永慶傳記時，看到只有小學畢業的王永慶也能打造台塑王國，且從和軍中長官分享創業想法時，發覺自己有說服他人投資的潛能，退伍前心底就立下自己創業的堅定意念。

　　想創業卻沒資金，吳政學退伍後先在網球拍工廠從事論件計酬

■ 吳政學打造跨國平民美食 85 度 C 咖啡

的作業員，每天工作十五小時，一個月可賺三萬多元。為存創業基金，吳政學幾乎不花錢，三個月就存十萬元，並與一位會燙頭髮的美髮師傅共同頂下一家美容院，開始人生首次創業。兩個人分工明確，師傅負責主要理、燙髮工作，吳政學負責管理，鼓吹消費者燙頭髮及購買洗髮精，教導學徒怎麼服務客人，不到半年就開了第二家分店。在髮廊的他，學會了聆聽客戶的意見，也懂得教育訓練和顧客滿意度的重要。

從開髮廊到賣鞋底

雖然初試啼聲就有不錯成績，但吳政學不具美髮專長，覺得髮廊工作太無聊，因此，在髮廊客戶建議下，髮廊開幕一年多之後，吳政學花費超過八十萬元創業租廠房和設備賣起鞋底，自己一人兼作好幾份工作，是會計，也是業務員、送貨員。憑著拚勁和認真，鞋廠為吳政學帶來滾滾財源，最高紀錄一個月可賺超過六十萬，那時候吳政學才二十五歲左右，約三年時間就讓他買了房子和車子。吳政學回憶：「有三、四年的時間，每天早上八點工作

■ 85 度 C 打出「平價的頂級享受」，跨國美食王國就此誕生

到晚上十二點，只有過年才休假，客戶覺得自己很認真。」吳政學鼓勵年輕人，只要努力總是有長輩會欣賞，只要肯努力，總是會被看見。

因為一路創業順遂，吳政學想擴大規模，前進大陸投資鞋底加工廠，但這兩年過程，因為上游廠商惡性倒閉，並沒賺到什麼錢，吳政學選擇將股份折讓賣給原本股東，髮廊也頂讓出去，回家後協助從事大理石工作的父親。

創業，潛沉，再創業

從在管理數百位員工的老闆，變成什麼都沒有的大理石工人，吳政學卻不氣餒，能屈能伸的他施展擅長的業務天分，在大理石產業也很快拉到很多生意，最尖峰時期，手底下有近五十位大理

石師傅，讓父親從原本論件計酬的師傅變成主要的上游承包商，就這樣又過了四年。

歷經了幾次迥然不同的創業，吳政學獲取了經驗。頭腦總是轉個不停的他，決定要做「不會被倒且可以收現金的事業」，因而開始跨足餐飲業。那時，吳政學到東海大學拜訪開設「休閒小站」的軍中同袍，聽到朋友賣一杯十到二十元的手搖飲料，一個月竟可賺二、三十萬元，又接連開分店。當時房地產不景氣，吳政學開始加盟休閒小站，並懂得「複製成功模式」，他選擇環境類似東海大學的逢甲大學夜市，果然生意熱絡，隨後開放業者加盟，業績很快顯現出來，投資約八十萬元，三個月就回收。

加盟的業者多了，問題也開始產生，後來陸續加盟的業者串連想成立另一個連鎖聯盟，擅長說服及分析的吳政學幫忙出面處理，以「擒賊先擒王」方式，先找到一位主要業者談判，恩威並施下化解這場危機，由於吳政學的危機處理得宜，讓他獲邀加入連鎖店的管理行列。擔任休閒小站管理者的吳政學，為此買了一本介紹麥當勞的書籍，參考麥當勞營運模式管理，將「休閒小站」規模越變越大，加盟店規模一度擴張到超過二百家。

失敗是最佳養分

加入「休閒小站」約四、五年後，由於股東有些意見不合，吳

■ 2010 年榮獲第三十三屆青創楷模獎，與馬英九總統（左）合照

政學自行出資開設「熱到家」披薩，他坦言，「平價披薩的點子是抄襲別人的」，沒想到一開始生意好到顧客經常大排長龍，加盟店迅速擴張到六、七十家，但好景不常，必勝客等對手也推出平價小披薩應戰，熱潮很快就消退，潮起潮落不到一年。

吳政學說，「熱到家」失敗經驗，讓他體悟一時的低價行銷雖可打動消費者，卻沒有很高的技術門檻，麵皮由別的工廠代工，沒有自己的研發團隊，產品不夠多元，很快就被市場淘汰。這個經驗成為他創辦「85 度 C 咖啡」的最佳養分與經驗。

跨國美食王國的誕生

2003 年，台灣發生 SARS，吳政學看到電視播出五星級飯店高單價便當卻能吸引顧客，加上看到高雄一家經營咖啡與蛋糕及麵

■ 獲頒台科大名譽碩士學位（左為台科大校長廖慶榮）

包店業績強強滾，深具生意頭腦的他，決定找五星級飯店主廚做蛋糕。吳政學記取上次創業教訓，從源頭品質管控做起，他以「七顧茅廬」方式延攬多位五星級飯店主廚，咖啡豆直接向瓜地馬拉農莊採買，控制產品品質，打出「平價的頂級享受」，跨國美食王國就此誕生。

　　85 度 C 咖啡在 2004 年開設第一家直營店，並開放加盟，至今在五個國家（地區）開設門市，全球合計超過七百家店。2010年以「F- 美食」在台掛牌，2012 年曾榮獲台灣二十大國際品牌

第十名，2013 年招攬「小七教父」謝健南加入團隊後，朝國際一流品牌邁進，目前在各國的分店，也有當地口味產品加入。

說服能力最令人佩服

沒有顯赫學歷、沒上過班的吳政學，能成功打造美食王國，除了有商業頭腦、知道市場需求、懂得專業分工外，更能將失敗經驗化為養

■ 沒有顯赫的學歷，吳政學做過髮廊、飲料店，最後打造出美食王國

分。吳政學最令人佩服的就是「說服」的能力，不論是早期創業說服別人一起投資，到創立 85 度 C 時說服五星主廚加入團隊，或是尋找專業經理人加入 85 度 C 團隊。吳政學說，因為自己在溝通過程中有誠意，只要站在對方的立場為他想，就能引起對方共鳴，再分析利害得失，才能吸引有志一同者一起打拚。像是找五星級飯店主廚鄭吉隆，就是分析利害得失並給予入股；爭取謝健南時，則是喚醒他對國際品牌的夢想與使命感，希望謝健南讓85 度 C 成為一流的國際品牌。

想創業，年輕人必須跨出去

對年輕人，吳政學的建議是「動機要夠強」，年輕人應有想法、要能屈能伸，不要只待在家裡空有想法，確定目標後要全心全意投入的跨出去，但目標設定也要依照能力一步一步來，不要將目標設得太高，才能有效達成。就像他很年輕時就打定主意要創業賺錢，近年則是決定讓 85 度 C 上市，設定明確的目標、並朝著這些目標持續努力，「每天工作十幾個小時」，辛苦是必經的過程。

若有意創業，「有多少錢做多少事」，不能過度擴張而傷了元氣，創業總是會害怕，但總是要踏出去、正面思考，並有最壞的打算。失敗並沒有多麼恐怖，能在不斷的反省中成長，並有把事情做好的決心，就能永續經營。此外，做一個誠信的老闆及任用專業人才也非常重要，尋找專業人才，將自己的優點和專業經理人結合，懂得與員工分享、用心留住人才，也是成功經營的不二法則。

吳政學　　台科大名譽碩士 2013 年　現職：85 度 C 集團董事長
主要經歷：休閒小站加盟主・熱到家比薩創辦人
　　　　　85 度 C 咖啡董事長兼總經理

抓住
最後一哩

台通光電董事長 李慶煌

　　台通光電暨台灣智慧光網董事長李慶煌在通訊線材領域深耕超過三十年，經驗與產業敏感度高。1996年李慶煌預見光纖將成為大趨勢，帶領台通切入光纖設備相關產品，以速度、彈性與價格優勢，逐漸成為亞洲電信營運商光纖建設重要合作夥伴。2011年李慶煌邀集國內外近十家專業公司合組聯盟成立「台灣智慧光網」投入「台北市光纖網路委外建設暨營運案」，切入北市光纖網路「最後一哩」建設，讓台通從原本光纖纜線及光通訊組件製造廠轉型一躍成為第一類電信營運商。2013年台科大頒發榮譽碩士學位給李慶煌董事長，鼓勵技職出身的他對社會的貢獻。

從經濟起飛看到創業契機

　　李慶煌出身嘉義，從小家境不好的他即便在升學過程中學業成績不錯，在現實考量下仍放棄往大學的路走，而是選擇職業學校，考上嘉義高工機械科，並且以該屆第二名的優異成績畢業。

　　高工一畢業因家境考量，在服兵役前就先去一間水電材料行上

■ 李慶煌在通訊線材領域深耕超過三十年,經驗與產業敏感度高

班當業務,起薪是一個月六百元。由於工作的水電行鄰近嘉義高工,嘉工電子科實習課需要用水電線材,「我的第一個客戶就是我的母校嘉義高工。」李慶煌笑著說。

在水電材料行工作,李慶煌以工科的基礎學商,實地了解客戶所需並將「如何面對、符合客戶需求」當作心中主要準則。優異的表現不僅讓老闆放心地將店面交給他,工資也三級跳,從六百元一個月跳到當兵前的三千元。1974 年退伍之後,適逢台灣經濟起飛時代,各項建設需要各種材料,李慶煌心想:「那麼多大樓在蓋,大樓一定需要很多電線電纜,市場規模夠大,生產纜線又需要機器會用到機械,我是機械工科畢業加上又在材料行待過,不如試試看自己做?」這樣的想法,開啟了李慶煌的創業之路。

二十三歲創業,校長兼撞鐘

二十三歲那年,李慶煌先和父親借了兩萬元隻身前往台北創業。考量生產纜線工廠需要大筆資金,李慶煌先從電器材料貿易做起。為了先熟悉需求市場與買方客戶,於是先開了一間電料批

■ 帶領台通光電和台灣智慧光網，積極推動智慧城市

發店。初創業資金、人手均不足，李慶煌自己當業務兼送貨員，客戶要什麼材料他就努力找齊送貨給客戶，和客戶間有了「黏度」並發展出彼此信任關係。

　　創業初期，李慶煌從一開始騎摩托車送貨，變成開大卡車送貨，有時候整卡車貨得一個人自己疊貨自己下貨，旺季時，他晚上睡在店裡，沒熱水就用冷水洗澡。經歷創業之初的艱辛過程，慢慢有了穩定客戶找到市場後，李慶煌對生產通訊纜線有了信心，於是著手籌畫建廠生產。

　　李慶煌將高工所學的機械科知識與現場實務相結合，親自研究生產線的機器組裝及試車，擁有專業知識背景，他親自帶人組裝、試車、生產，節省不少顧問技術費用。李慶煌笑說：「雖然現在很忙，但是還是會忍不住動手畫新發明或改良產品的草圖給工程師設計。」

　　成立於1981年的台通光電，業務以台灣及新加坡的東南亞電信營運商的採購標案為主，供應光纜及光纖到家相關產品。2011年台通光電決定投入第一類電信市內網路服務，找出藍海市場，適逢台北市政府為推動智慧城市永續發展，經公開招標後，台通

■ 2011 年台通光電上市掛牌典禮

光電所領導「台灣智慧光網聯盟」成員以具有參與新加坡光纖到家建設經驗的優勢順利得標，並成立「台灣智慧光網股份有限公司」，計畫性推動全北市光纖到府建設。

從通訊線材到光通訊

李慶煌回憶創業過程。1981 年，台通光電初期以供應通訊產業所需的通訊用線材及儀控所需的控制線材為主，亦積極開發民航局、鐵路局及軍事單位等機構所需的各項線材。當時適逢台灣經濟起飛，線材需求量大，李慶煌拿到不少訂單，包括現在的大同、台塑企業總部等大型建物內都有他賣出的電線。

當時台通可算是全台第五大的通信電線電纜廠，但線纜廠日趨 M 型化，加上 1990 年後華新麗華、太平洋電纜公司等幾家大企業仍固守電線電纜標案，價格戰日益激烈，李慶煌看到資訊與通訊網路產品需求起飛，立刻決定轉移戰場進入網通市場。李慶煌說，不能只拚大量低毛利的產品，必須要有差異化，以免與大廠硬碰硬。同時，他也積極投資工廠自動化，並轉戰以中華電信等業者的網路通訊系統設備及組件的標案，因業務及時轉向，也讓

■ 台灣智慧光網切入光纖「最後一哩」，從光纖設備零件提供商一躍成為光纖網路營建商

台通與中華電信、遠傳、台灣固網等電信業者建立更密切的供應商與夥伴關係。

2000 年，李慶煌注意到標案出現「光通訊」的新項目，且佔標案總金額超過兩成，極可能是未來主流，他心想光通訊是新興產業不做不行，台通因而開始轉型。起初，李慶煌先從瑞士進口光纜生產線設備生產光纖纜線並參加電信業者標案，因產能順利，不錯的獲利空間讓他充滿信心。然而不到一年遇到網路泡沫化，光通訊也受到衝擊有長達十年的大蕭條期，這段日子，李慶煌一邊小心計算獲利接單，一邊承攬遠傳等電信業者的光纜零組件及配合物料有效管理，勉強能維持微薄利潤，甚至 2004、2005 年還出現虧損。在虧損期間，李慶煌著眼大廠少著墨的特殊規格線纜研發，如國際規格光纜外徑是 12 毫米，台通就突破

技術規範做到 9 毫米使光纜更好佈放，因為大廠不做的對台通來說就是機會。

生意要長遠，內外要兼顧

2006 年，台通在新加坡淡馬錫控股集團旗下公司的引薦下，承接了第一宗新加坡電信標案，提供全方位電信產品，不僅器材，還有技術服務、硬體施工。這項標案也讓台通從光纖供應商成功轉型為光通訊系統整合商，大量投注研發能量，除了主動元件外的所有光通訊零組件，台通都能自行生產，接案也從新加坡一路輻射至印尼、馬來西亞、泰國等東南亞國家。

新加坡光纖標案的成功雖然讓台通有一定獲利，然而過去的經驗告訴李慶煌：如果只趁產業興起，靠搶頭香所吃到甜頭，永遠只能享受一小段甜蜜期，因為市場競爭者隨後就跟進殺價競爭。因此，李慶煌想做長遠的生意，想靠電信服務以避開國內市場競爭起伏震盪。2008 年起台通實際參與海外國家型光纖到府建設經驗，除了拚出口外銷，同時也發現光纖到府寬頻網路對國家經濟發展與城市的競爭力是非常重要，因為幾乎每一個有遠見的國家與城市都積極在執行「光纖到府」（FTTH）建設。隨著 3G/4G LTE 無線行動寬頻通信興起，台通預判頻寬需求市場將崛起的趨勢，於是轉投資台灣智慧光網（Taifo），正式進入電信營

運業者行列。

光纖從機房一路到使用者家中的「最後一哩」建設，就如同水、電、瓦斯管是民生必需的維生管線，擁

■ 台灣智慧光網與台北市政府合作推動北市光纖到府（右為前台北市市長郝龍斌）

有「最後一哩」者不僅可收取網路連網費，也可與內容提供商合作，提供智慧家庭資訊娛樂，像是高畫質高解析的智慧聯網大電視，已經逐漸進入家庭客廳，大量影音節目內容所需頻寬，光纖是目前各式通訊科技中最好的介質與選擇。

三大武器：價格、配合度、機動性

2011 年年底台北市光纖到府委託建造營運案開標，以台通為首的「台灣智慧光網」憑藉過去在新加坡的光纖到府網路建設成功經驗得標。台北市政府力推的光纖網路建設預計讓台北市一百萬戶達到 80% 光纖的覆蓋率，讓市府和市民享有高品質與低價格的光纖服務。李慶煌說：「我最重要的三大武器就是價格策略有彈性、對客戶配合度高和服務機動性強！」

帶領台通經過三次轉型，從電料線材商、光纖組件設備商到智慧城市網路建設暨營運的電信業者，李慶煌笑說，台通的經歷與決定就如同李安導演電影裡少年 Pi 的經歷與決定，面對每次困

境找出生路並勇往直前。

變現知識，誠信篤實

　　李慶煌以創業過來人的經驗說，現在是知識經濟時代，誰最快擁有知識、利用知識並能「變現」，誰就能成功！他認為，擁有知識可以創造出被利用的價值，他也鼓勵技職體系學生，只要肯不斷努力學習，持續累積知識、經驗、能力的能量，未來也是非常有前途。

　　對於有創業夢想的青年，李慶煌建議，除了掌握知識的變現能力，誠信篤實也是相當重要的品格德行。他認為，創業是一條不斷學習與錯誤導正的路，要防止連續小錯誤可能演變而成不可收拾的大錯，因此，創業者要能誠實面對自己的缺點，並且虛心求教，對自己及所帶領的團隊與投資人負責。李慶煌說，據他觀察，這個行業的創業者幾乎都具備「虛心學習精神」、「務實態度」與「專業能力」三種人格特質，期勉台科大的學生朝這三個方向努力。李慶煌也希望未來可以加強與台科大的互動，若有合適機會將邀請台科大師生共同參與智慧城市發展的科技專案！

李慶煌　　台科大名譽碩士 2013 年　　現職：台通光電董事長
主要經歷：台灣智慧光網股份有限公司董事長

用初心
做料理

台灣首位米其林三星主廚 江振誠

　　江振誠是台灣第一位站上世界舞台的頂尖名廚，不僅曾在國際知名的米其林三星餐廳擔任主廚，他於新加坡經營的餐廳 Restaurant André 更榮獲全球最佳餐廳第三十八名，被譽為全球下個年代最有影響力的十五位主廚之一！江振誠出身台灣的技職體系，在國際上以知名的餐飲技藝及餐廳經營管理哲學揚名全球，不但是技職之光，更是台灣之光！

挑戰旁人眼中的不可能

　　除了精湛的餐飲技術、獨特的餐廳管理哲學，江振誠更精通中、英、法、日、粵等多國語言，在餐飲界具有國際知名度及影響力，更是台灣技職傑出且在國際發光發熱的代表人物。為表彰江振誠在職場上的傑出表現及其國際化經驗，臺灣科技大學於 2014 年頒贈名譽管理學碩士學位給江振誠，希望能鼓勵更多技職體系的同學，不只是在專業領域的專精投入、更要有大步邁前的國際化經驗及視野。

■ 台灣第一位站上世界舞台的頂尖名廚，被譽為全球下個年代最有影響力的 15 位主廚之一

對江振誠而言，每當他到達一個階段的顛峰時，就問自己：「我的初心是什麼？」而「做更好的料理」這個答案，讓他繼續挑戰旁人眼中的不可能。

母親身教的影響力

江振誠的母親對所有事情都「親力親為」，因為想給孩子們吃到最熱、最新鮮、最美味的菜，從小到大，她總是為孩子自己親手做便當，每天中午都算準時間做菜，再騎車把便當分別送到三個孩子的學校。

母親從小就灌輸孩子的觀念是「吃飯，是很重要的事情！」她也以身作則，講究飲食均衡，只要小孩在家用餐，她都會盡力準備各式各樣的菜色，在餐桌上一起分享，所以從食物中，就能感受到媽媽對家人的無比關愛與照顧。這也成為江振誠的做事基礎，影響他對每件事都親力親為的態度。

進入淡水商工餐飲科的頭一年，江振誠仍是悠閒玩樂的生活，進入二、三年級時學校挑選術科成績優秀的同學進入產銷班，到校內的實習餐廳工作。就像實際經營一間餐廳，除了料理本身，

從後場的成本計算、菜單籌畫到外場的服務都需要學習，要把自己變成專業的經理，掌握餐廳第一線狀況。雖然充滿考驗，但這讓他發現「料理，就是我的志向！」

立定志向，全力以赴

開始念餐飲科後，江振誠發現這是個講求實作經驗的行業，成敗關鍵都仰賴經驗，自己必須比別人做得更多、看得更廣，才有可能進步。因此他幾乎把所有打工賺來的錢都拿去買跟餐飲有關的書，不論是食譜還是食材百科。

立定未來方向的藍圖後，江振誠想著「無論什麼事，就全力以赴做好它」。因此他為自己立下計畫，覺得若要讓料理精進除了學校的基礎教育，必須再加上一級水平餐廳的實習經驗，技藝才能更上一層樓，所以他毛遂自薦到當時台北有名的法國餐廳希爾頓飯店（現為凱撒大飯店）實習，之後也到西華飯店實習。

這或許對別人來說是要求完美，但對江振誠而言，本質上是一種全力以赴的心情。因為有了想做好的想法，在實習生活中，也漸漸累積了成就感，發現自己可以從料理中建立自信。

隻身赴法拜師，六年學徒生涯

儘管江振誠成名非常早，二十歲就當上西華飯店行政主廚，成

■ 與 Restaurant André 全體員工合影

為當時台灣最年輕的法國餐廳主廚,卻沒有讓他自滿。在一次邀請法國雙子星餐廳主廚來台活動後,對方邀請江振誠到法國當學徒。才二十歲的他當時一句法文也不會講,就飛到法國拜師學藝,憑著熱情和努力,日後更當上米其林三星餐廳主廚。

在法國期間,江振誠像塊海綿一樣學習餐廳運作方式,也投入吸收法國文化底蘊。在法國米其林三星餐廳感官花園(Le Jardin des Sens)時,都自我要求最早進廚房,最後一個離開,每天凌晨一點收工後隔天早上六點就再進廚房,一週只休一天,這樣的學徒生涯持續了至少六年。回到宿舍後,江振誠花時間自修法

■ 與台科大同學合影

文，並把當天學的東西記錄下來，靠著努力自修，最後法文說得連法國人都聽不出來有腔調。

許多重要的東西是眼睛看不見的

除了努力廚藝學習，江振誠也汲取生活周遭事物，包括文化、歷史、藝術、季節特色、風土民情、語言等的觀察與體驗，生活的敏銳度對他而言也相當重要。江振誠提到《小王子》這本書對他有很大的啟發，每一次看的體會都不同。他說：「在書裡，會發現用很單純的想法，去完成一件自己想完成的事，這就像我提到的初心。」另外書中很重要的一句話是：「What is essential is invisible to the eyes.」有許多重要的東西是眼睛看不見的，這句話讓他在法國學習時，不只是鑽研廚藝，也會去思考技巧之外更重要的元素。

從最基礎的擦餐具、削馬鈴薯做起，江振誠在二十五歲時成為該店第一位亞裔執行主廚，更成為亞洲展店企劃總監，代表雙子星兄弟到東京、上海等地開設分店。三十歲時他已獨當一面，

■ 臺灣科技大學於 2014 年頒贈名譽管理學碩士學位給江振誠主廚,希望以他為典範鼓勵更多技職體系的同學(左為台科大校長廖慶榮)

飛回亞洲拓展屬於自己的料理版圖,不僅在塞昔爾群島五星級飯店掌廚期間被《時代》雜誌評為「印度洋上最偉大的廚師」,自己於新加坡開設的私人餐廳 Restaurant André 更獲《紐約時報》讚譽為「最值得搭飛機品嘗的十大餐廳」。

找到屬於自己的「八角哲學」

江振誠能在法國料理殿堂闖出一片天,最關鍵的是他找到屬於自己的法國料理味道「八角哲學」。江振誠說:「當我開始思考自己在這二十年中的創作靈感,我發現什麼是屬於 André,找到屬於自己的風格,也是一切創意的原點,包括獨特(Unique)、質感(Texture)、記憶(Memory)、純淨(Pure)、風土(Terroir)、鹽(Salt)、南方(South)、技藝(Artisan)。」

以「八角哲學」料理而成的菜色,每一道都帶給人截然不同的感受,有時教人驚喜,有時讓人感到平靜,有時又墜入回憶的漩渦,有時迸發全新的喜悅。做菜對江主廚而言,是一種生活的態

度，也是重新認識自我的方式。

「這就是台灣味」

2014 年 12 月，江振誠更返
台開設無菜名的「RAW」餐廳，
每道菜堅持只有二至三項當令
台灣食材作主角，以他擅長的
法國廚藝演繹台灣味道。江振
誠說，台灣有太多太棒的人事
物，RAW 餐廳沒有名牌，只
有台灣真正需要的生活態度，
RAW 團隊將台灣的精華，用國

■ 無論什麼事，都全力以赴做好

際語言執行，「對我來說，這就是台灣味。」

江振誠說，他知道自己不適合念書，因此專注把廚藝做到最
好。他鼓勵年輕學子一定要找到自己的興趣，「人一生只要做一
件事，堅持把這件事情做好，就可以了。」他認為，每個人天生
能力都不一樣，就像手電筒有大有小，如果你是一支小手電筒，
就該學會如何聚光，把光線專注地打在一點。他笑說，自己就是
亮度不夠的小手電筒，無法照亮廣泛空間，因此他專注於廚藝，
把廚藝做到最好。

基本功：最困難的最佳途徑

　　江振誠認為，訓練基本功是最困難的一條路，卻是達成目標的最佳途徑。第一步從基本功開始扎根，在訓練自己的過程中鍛鍊抗壓力，遇到困難時，要學習轉變心態，用正面積極的態度面對挑戰。一旦做過一千遍或一萬遍的練習，基本功到達一定程度時，人的下意識就會有靈活的揮灑能力，自然有好的表現。

　　除了專注力，江振誠也建議年輕學子，面對未來要培養國際觀和耐心。他觀察到，台灣年輕人通常缺乏耐心，也不夠積極，只想在短時間內獲得成績，但往往是不可能的。因此他認為年輕學子應秉持耐心、熱情與堅持，培養解決事情的能力，不要等待上司下指令才去做，否則很難有競爭力與世界各國的人士競爭。

江振誠　　台科大 MBA 名譽管理學碩士 2014 年
現職：新加坡 Restaurant André 主廚
主要經歷：台北西華飯店法國餐廳主廚
　　　　　法國米其林三星餐廳 Le Jardin des Sens 執行主廚，
　　　　　　統籌餐廳旗下八家海外分店業務
　　　　　Discovery 頻道選為「亞洲十大最佳青年主廚」
　　　　　《時代》雜誌兩度讚譽是「印度洋上最偉大的廚師」，
　　　　　　並獲選為「全球最佳一百五十位名廚」
　　　　　於台北開設以台灣季節食材為啟發靈感的創新季節料理餐廳 RAW

2

打造夢土的
工程師

精於做事，
誠以待人

德昌營造董事長 黃政勇

德昌營造董事長黃政勇，在家鄉雲林縣念初中，虎尾中學畢業之後，繼續就讀台中高工建築工程科，畢業後保送台北工專建築設計組。在當時，考量到日後發展的領域較寬闊，黃政勇選擇走上工程這條路。台北工專畢業留在母校當了兩年多的助教後，順利考上才成立第二年的台科大營建工程系，成為該系的第一屆學生。

創業首重員工教育訓練

當時報考台科大，招生規定考生需要有兩年以上工作經驗，那時班上有二十一、二位同學，幾乎八、九成都已考取了執照，同學們彼此之間可以分享各自歷練。這種同學之間的經驗分享讓黃政勇覺得非常寶貴。

台科大畢業後，黃政勇進入當時業界的龍頭國泰建設關係企業三井工程公司工作近十年。這段就業歷練讓黃政勇深深感受到營建品質落差很大，有很多改善的空間。在一些朋友的鼓勵支

■ 黃政勇以精於做事、誠以待人的態度耕耘營造業

持下，黃政勇於 1987 年和朋友成立了德昌營造公司。

創業之後的黃政勇非常注重員工的教育訓練，每年總會投入兩三百萬的經費，這又與他當年在台科大受惠於理論實務並重的學習方式息息相關。原來當時教授大多有實務經驗，課程的安排不但理論與實務並重，和產業的互動相當頻繁，讓原本已有工作經驗的學生不但畢業後進入相關產業非常容易，更能縮短在職場中的學習過程。

最重要的是向前看

不同於其他許多行業，就營建業而言，黃政勇認為管理上有明顯的斷層，因為「產品」本身沒有一個相同的，所以必須透過教育訓練、制度管理和事前規劃整合這個斷層。德昌營造成立至今，黃政勇吃過很多苦頭，所幸都能安然度過。這些酸甜苦辣他向來不太提起，因為從德昌營造創立之初，黃政勇就認為經營企業最重要的是向前看。除了面對問題、解決問題，企業經營者更要不斷的求新求變。德昌營造的成長歷程就是最好的例子。

德昌營造創立之初，一開始只承接民間的建築工程，業務量卻因景氣的好壞大起大落。由於政府往往會在景氣不好時推動公共工程，黃政勇認為有必要跟著調整，因此，在 1990 年就開始承攬公共工程。之後又發現公共工程中建築工程較少，較多的反而是土木工程，因此又在 1994 年成立土木工程部門，既可以讓業務多元化，也能爭取到較多的工程。隨著政府的政策轉向統包和 BOT 等方式，黃政勇認為公司會大受衝擊，為取得更豐沛的資金，公司於是在 1998 年股票上櫃。

求新求變，兼顧風險

上櫃之後為了讓經營多元化及擴大領域，2000 年黃政勇成立子公司德鎮盛工程（股）公司，主要從事水資源處理和環保方面的工程。2008 年再成立子公司玉新資產管理（股）公司，主要處理不良資產的活化。之後鑑於國內公共工程案日漸減少，又分別於 2011 年在大陸江西、2014 年在柬埔寨和緬甸投資設立了子公司。

在向前看、求新求變的同時，黃政勇強調，經營公司絕對要事先衡量本身是否能承受風險。例如在大陸除了房地產開發，也兼顧文創產業和茶業烘培，並漸漸切入食品產業，而跨足不曾接觸過的食品業，公司內部其實是經過很長一段時間的研究。企業不

■ 把握核心技術、效率與服務，帶領德昌營造榮獲財團法人中華民國證券櫃檯買賣中心所頒發之「金桂獎」

想被時代淘汰，黃政勇認為有三樣東西一定要把握住：核心專長、速度和服務！

開放的風氣，多樣的人才

回憶台科大就學期間，黃政勇印象最深刻的是開放的風氣。當時的圖書館書庫是開放式的，學生憑學生證就可以進書庫找書；實驗室同樣也是開放式的，同學有研究上的需要，都可以向學校申請借用。視聽室更是開放校風的一例，裡面會播放電影供學生學習英文，甚至你要在裡面睡覺也沒人管你。

■ 誠心結合技術的「心技合一」是黃政勇的經營理念

　　直到現在，同學之間不但會以 mail 分享各種資訊也常聚會，此外也與學校保持密切的互動，比如學校的各種會議、學生未來的發展、獎學金的提供或其他活動，只要有空，黃政勇都會積極參與支持。

　　台科大的成長眾人有目共睹，同學出社會後也有各自的成長。對黃政勇來說，學校培養他們成材，他們在社會上取得成就後自然應該回饋學校、回饋社會。從早期提供獎學金，到中期每年固定捐給學校一定額度的經費，到近兩三年以暑假實習方式取代獎學金，還有幫學校承造國際大樓，都是黃政勇覺得力所能及也應該做的。最近，他和另兩位校友成功的為營建系與科技部牽上線，合作發展一個營建雲端管理系統平台計畫，就是與學校互動的最好例子。

看到別人的優點，看到自己的缺點

　　對有心走進營建業這一行的學弟妹，黃政勇覺得最重要的有三項：一是身體健康，這個行業的特色之一就是需要充沛的體力，健康的身體。二是領導統御，不論職位高低，領導力都是個人生涯成長不可或缺的。最後是執行力。另外，要選擇適性的工作，所謂「滾石不生苔」，找到適合自己個性的工作勇往直前，你才做得深、做得久、做得好。

　　黃政勇最後以台科大的校訓「精誠」二字勉勵學弟妹：精於做事，誠以待人。在社會要成功，你要能看到別人的優點，看到自己的缺點，學習別人的優點，改善自己的缺點。能告訴你缺點何在的人，才是你的貴人。

黃政勇	營建工程系二技 66 年畢業
現職：德昌營造股份有限公司董事長	
主要經歷	三井工程股份有限公司營建部經理
	黃政勇建築師事務所．德昌營造股份有限公司董事長
	德鎮盛工程股份有限公司董事長
	玉新資產管理股份有限公司董事長
	台灣區綜合營造工程工業同業公會理事
	台中市營建剩餘資源收容處理場所審議委員會委員

在學練好基本功，畢業不怕找嘸工

亞崴機電中科廠廠長 **孫傳家**

亞崴機電股份有限公司中科廠廠長孫傳家，曾在財團法人金屬工業研究發展中心服務二十七年，輔導過無數企業自動化，是推動產業自動化的重要推手。畢業於臺灣科技大學機械工程系的他，從小就對任何事物保持高度好奇心，年輕時非常喜歡研究發明，靠著技術和動手做的能力，創作期間就擁有二十五件登錄在案的專利發明，是一位不折不扣的發明家。

不折不扣的發明家

「拿一把剉刀、鋸片、鋼尺和起子，就要照著試題出的圖做出實品來，公差不能超過五條（0.05 毫米），得用剉刀把表面磨平，沒有好的手感根本無法通過考試！」孫傳家回憶起當初報考臺灣工業技術學院（台科大前身）時的考試情形。

當時的臺灣工業技術學院主要招收有工作經驗且想要進修的人士，還需要考術科。正因為錄取的學生大多在技術方面有蠻好的實力，學校除了教導工業技術外，也加強學生在工業理論上的

■ 擁有二十五件登錄在案的專利發明，孫傳家是一位不折不扣的發明家

知識。最讓孫傳家印象深刻的一堂課是工程數學，他回憶著說：「那位從台大來的老師上課從不拿書本，卻能把複雜的數理內容講得清清楚楚，讓全班折服老師的邏輯！」因此，在台科大讀書的這個時期，不但將自己的技術更為精進，也奠定了理論的基礎。

從台科大畢業以後，孫傳家先至台灣機械股份有限公司重機製造廠擔任機械工程師，後來到財團法人金屬工業研究發展中心服務，擔任過能源與精敏系統設備處、自動化研發處、企劃推廣處處長，現在則在亞崴機電股份有限公司中科廠擔任廠長。

台灣工業生產自動化推手

在金屬中心服務時，政府正在推動生產自動化，孫傳家肩負起協助國內傳統工業技術升級的任務，接到來自各種不同產業、不同領域的廠商對自動化機械的需求。為了能設計出符合廠商需求的機械，或是解決機械的各種疑難雜症，孫傳家因此發明了許多有利於自動化生產的機械裝置或設備，對促進台灣工業生產自動化有卓越貢獻。

例如，孫傳家在 1989 年時開發國內外第一套套筒扳手組中 D 頭機製自動化系統，解決傳統生產方式多工程、多人操作的生產瓶頸，提升產能與品質均一性，促進台灣手工具業生產自動化。這項系統取得九項國內發明專利與新型專利。

此外，1991 至 92 年，孫傳家亦開發國內外第一套汽車用大型煞車來令片自動研磨與自動鑽孔系統，提高生產煞車來令片品質與均一性，對汽車產業零組件生產自動化具有深遠的影響。此項發明更獲得國內新型專利與美國發明專利的雙重肯定。

踏實的技術和使命感

對台灣產業自動化有諸多貢獻，孫傳家謙虛的說，自己擁有的是踏實的技術和使命感，「熱心服務」的人格特質，更讓孫傳家推動自動化產業邁進供應端與需求端的結合及整合。孫傳家在財團法人金屬工業研究發展中心服務時，常需要幫製造產業公司解決機台設計、技術瓶頸等各種問題，若沒有熱心幫助企業的精神，很難想像設身處地的投入解決問題的過程。孫傳家說：「我身上有著技術，但『使命感』是讓我能堅持這麼久的重要原因。」

孫傳家擁有的發明專利中，中華民國登錄在案的就有十八件，美國有二件，中國大陸五件。被問及如何能擁有這麼多的發明專利，孫傳家說，創造無法無中生有，這些靈感能實現出來是源自

■ 孫傳家輔導過無數企業自動化，是推動產業自動化的重要推手

於在校期間打好的技術底子，創意靈感則來自多方涉獵的知識。孫傳家表示，只要有自動化展他都會去參加，並且索取許多資料回來仔細閱讀。他笑說：「我從外面拿回來的資料已經塞滿我家六個三尺及六尺的鐵櫃！」

像海綿一樣，把自己歸零

孫傳家認為創造發明不能閉門造車，和不同領域的人交流能激發更多創意的火花，對創意發想或是發明過程都有很大幫助。因此他廣交各界朋友，至今已發出一萬多張名片。孫傳家表示：「發

■ 機械系畢業的孫傳家靠技術推動產業自動化

明和設計一樣都不能剛愎自用，設計者要像『海綿』一樣，把自己歸零，多多吸納別人的特質與優點。」

在職場多年，孫傳家觀察到許多年輕人好高騖遠，想一步登天，往往忽略基本功的重要性。他舉例說，很多新鮮人求職都想進設計部，卻忽略設計不光只是勾勒構想，而是要能實現創意、做出實品。沒有好的技術，再棒的創意構想也可能付之闕如。

一技在身，廣泛涉獵

孫傳家認為，技職科大生相較於一般大學生的優勢在於有「一技在身」，如果能於在學時期肯花時間把實務技術和理論部分的基本功學好，畢業不僅容易找到工作，往後進入職場，也會因實力而贏得別人尊重。

因此，孫傳家勉勵年輕學子，做事千萬不要怕困難，要老老實實的做；不要想一步登天，要能腳踏實地耕耘技術；放開心胸多

■ 孫傳家廠長（左二）與亞崴機電同仁合影

學習，也不能太固執；需廣泛涉獵知識、多去看、多去學習，才能不斷的吸收師傅的經驗，讓自己進步、視野開闊。

孫傳家　機械工程系二技 67 年畢業
現職：亞崴機電股份有限公司中科廠廠長
主要經歷：財團法人金屬工業研究發展中心能源與精敏系統設備處處長
　　　　　台灣機械股份有限公司重機製造廠工程師

勇於改變，
樂對挑戰

前中華顧問工程司董事長 郭蔡文

　　來自桃園的郭蔡文，從台科大念到中央大學土木工程研究所。他從蘭嶼基層公務員做起，有別於一般公務員，他勇於改變與創新，展現優質溝通協調與領導能力，一路升任到桃園縣副縣長、交通部次長。前中華顧問工程司董事長郭蔡文認為，人要勇於改變與承擔，而公務員生涯讓他體驗應尊重專業，專業也讓自己有自信，做起決定心安理得。

一圓兒時的工程師志願

　　郭蔡文初中就讀桃園中學初中部，是田徑校隊，高中聯考同時錄取師大附中、台北工專（現為台北科技大學）與台北師專，因念工專不必念大學，又可以一圓小時候當工程師的志願，郭蔡文選擇就讀台北工專土木科，後來二技考上台科大營建系，之後就讀中央大學土木系碩士班、台北科大建築與都市設計研究所。在台科大的兩年，為他的成就奠立良好基礎。

　　郭蔡文回憶，就讀台科大時，老師教學認真，同學非常用功，

■ 從蘭嶼基層公務員做起，郭蔡文勇於改變與創新，走出不一樣的公務員人生

因為考進台科大的學生，不是有工作經驗，就是想精進學業，大家共通點都是想念書，學習動機非常強，同學間互相砥礪。在這種刺激與壓力下，為了把所有功課搞清楚，就讀台科大兩年期間，每天幾乎深夜十二點多才上床睡覺。熱愛運動的他，除了體育課，反倒都沒上過運動場，將精神都花在學業上，再加上「嚴師出高徒」，進入台科大一年就考上土木技師執照。

讓郭蔡文印象最深刻的老師是「高等結構」課程的系主任葉基棟，郭蔡文說，葉老師寫在黑板上的字體非常清秀、漂亮，某次他和另一位同學交作業因字體不夠工整，被葉老師訓了一頓，作業還重寫，至今讓他印象深刻。後來他發現，字體工整在考試時的確有幫助，才明白老師嚴格要求背後其實是用心良苦。

基層到次長，機智化危機

郭蔡文在台科大念二技，前前後後卻念了五年，其中三年保留學籍，主要是需兼顧工作。他在這段時間考上特考，前往蘭嶼鄉公所擔任財經課長，1980 年台科大畢業後，回到桃園大園鄉公

所建設課擔任課長，五年後來到桃園縣政府，一路從國宅課課長、城鄉發展局局長、工商發展局局長、工務局局長，隨後升任桃園縣政府秘書長、副縣長，2011 年則榮升中央部會的交通部次長，一路從基層到中央機關首長，都是公務體系；直到 2013 年才轉任財團法人中華顧問工程司董事長。

擔任公職難免遇到挑戰，郭蔡文指出，擔任桃園縣國宅課課長時國宅滯銷，原本一千多戶只賣出八十多戶，經過他重新整頓環境，後來全部賣光光；朱立倫先生擔任桃園縣長時，身為城鄉發展局局長的他，得負責蓋國宅、賣國宅，當時蓋了九千多戶國宅，其中承包近三千戶國宅的包商出狀況，卻擺爛佔據工地不走，他請第三公正單位來估價，恩威並施請走這批人。

專業、分工、負責

此外，郭蔡文在工務局局長任內，桃園縣府計畫興建一條跨越高速公路的道路，為降低對交通衝擊，他提出深夜施工時段，讓路過的車輛暫走替代道路。當時交通部一直沒批准，但郭蔡文考量安全與經費，力抗各方壓力，以周詳的施工與宣傳方式，順利完成該道路。任內他還邀請建築師與技師，免費幫縣府審查建築執照，充分利用「專業、分工、負責」，也因為「善用政府、民間」資源，拿到行政院的「善用社會資源獎」。

■ 前中華顧問工程司董事長郭蔡文獲頒 103 年台科大傑出校友

　　擔任桃園國際機場公司董事長期間，郭蔡文在跑道施工方式做了大改變，工期縮短半年、經費節省十分之一，「但施工前連交通部也怕怕的」，郭蔡文說。他提出松山機場十年前就採用該方式，大陸的北京機場、大連機場都這麼做，並和現任交通部長葉匡時一起前往大陸考察，這就是「尊重專業、勇於承擔」，而且改變才能帶來進步。

把公家的事當自家的事

　　一路從基層課長做到交通部次長，郭蔡文認為，很多人考上公

■ 擔任桃園國際機場（股）公司董事長時接待前行政院長江宜樺一行人

務員後，一生中只想坐一樣位置、做一樣工作，或許兩年就可熟悉業務，「這對個人並不好」，因為熟悉後就不用動腦筋，但人生歷經不同工作是一種挑戰，「不要害怕挑戰」，不同經歷可以訓練處理與解決問題的能力，「經歷越多、經驗越多，解決能力會越強」，對事情的判斷越快、越精確。

　　不過，郭蔡文認為，解決問題的能力，背後需要專業做基礎、當靠山，專業需從學校及工作上累積，專業背景可當成解決問題的信心，有專業、有信心，做起決定才能心安理得，晚上睡覺才能睡得安穩。對於做人做事，郭蔡文認為要「敬業」，做要做到最好，也就是把公家的事當成自己家的事在做，做到自己滿意，別人才會滿意。

■ 舉辦研習營分享經驗給年輕學子

打好專業基礎，懂得融會貫通

　　郭蔡文建議有意投入營建領域或從事公職的學弟妹，在校時先把書念好、打好專業基礎，同時懂得融會貫通。在學時要參與實習，該考的執照也要盡早拿到，出社會時具備責任感、榮譽心，做事要積極認真且腳踏實地，「把事情當成自己家裡的事來做」，並堅持廉潔，一點一滴的累積才有成功的一天。

郭蔡文　　營建工程系二技 69 年畢業
主要經歷：財團法人中華顧問工程司董事長
　　　　　桃園國際機場股份有限公司董事長・交通部次長
　　　　　桃園縣副縣長・桃園縣政府秘書長
　　　　　桃園縣政府局長（城鄉發展局、工商發展局、工務局）

技職生
也能做校長

高雄市前副市長 林仁益

　　林仁益畢業於高應大的前身高雄工專土木工程科，之後取得臺灣工業技術學院營建工程學士、碩士、博士學位，一路從基層助教做起，於 2002 年接任高應大第七任校長，是該校歷年來首位經遴選產生的校長。2007 年自高應大校長職位退休後，接任高雄市副市長。林仁益以決心和毅力，證明技專畢業生照樣有實力當大學教授、校長。

當助教教出興趣

　　林仁益從小功課不錯，但因家境不好，父母親希望他早點投入職場，所以選擇高雄工專就讀。讀五專時成績依舊傑出，畢業後校方留他擔任助教。林仁益說，那時原本只想當一陣子助教，就要去工業界找工作，結果教書教出興趣，覺得教學生學會東西很有成就感，助教一當就是五年，也讓他想朝著教職之路邁進。

　　林仁益當助教時，一度有赴美留學機會，但因家裡要蓋房子，父母親希望念土木的他留下來幫忙，只好放棄前往美國的機會。

■ 林仁益從基層助教做起，以決心和毅力證明技專畢業生照樣有實力當大學教授、校長

當時他曾為此很懊惱，但後來想在國內也可以念，就在 1980 年甄試進臺灣工業技術學院二技部，接著又攻讀碩士、博士，計在母校有八年時間。

台科大打下研究厚實基礎

回想起台科大的日子，點點滴滴林仁益都歷歷在目，他笑說，念二技時他挺著啤酒肚參加新生盃球賽，與同學將士用命，馳騁球場，憑著團隊精神與絕佳默契，竟拿下桌球、排球、籃球及足球四冠王。而在課業上，林仁益認為台科大的自由學風與絕佳的師生互動，讓他透過實務專題，更奠定了日後研究的厚實基礎。

在台科大碩士班在職進修三年期間，由於任職的高雄工專規定要四天在校，因此在學校停留的時間相對較為有限，既要修課，又要作試驗趕論文，自然倍加辛苦，睡在實驗桌或在實驗室過年也是常有的事。

含著眼淚、帶著微笑畢業

台科大的宿舍生活也讓林仁益無限回味。林仁益說，一大早台

■ 就讀台科大時，時常與同學們一起打球　　■ 於工程二館頂樓

大畜牧系的晨豬就會報曉，讓人不得不起床，而晚上肚子餓了，還需從五樓吊繩子到圍牆外買粽子，當然偶爾也會半夜翻牆而出，到外頭打打牙祭。碩士三年，在同學互相砥勵、學弟妹互相幫忙，甚至太太都前來協助，林仁益說，他終於得以含著眼淚、帶著微笑完成學位。

　　碩士畢業後林仁益雖然返回高雄工專擔任講師教書，但仍希望可以充實學術涵養，於是在 1988 年重返台科大修習博士學位。為了開拓自己的視野及領域，並充實研究的內涵，不只選讀機械、化工與纖維等系的課程，他還到台大選讀課程，自然也因此結識了不少不同領域、學校的好友。

從基層助教到校長

　　林仁益分享了一則小故事，他說記得一次他在大太陽下戴著斗笠，穿著雨靴，辛苦地拌著混凝土，突然聽到圍牆外有位父親邊

■ 參與校友會時與石延平校長（中間）合影

指著他邊教訓他讀國中的孩子：「死囝仔，你再不好好讀書，以後就像他一樣！」讓當時已是副教授的他不禁莞爾。然而也就是這種苦幹務實的精神，讓他一路從基層助教做起，林仁益在高應大服務超過三十年，並於 2002 年接任校長，為首位經遴選產生的校長。林仁益行政與辦學經驗豐富，2008 年時因他的工程專業背景被高雄市長陳菊延攬擔任副市長。

為產學合作塑造新里程碑

六年高應大校長任期間，林仁益積極務實經營全方位的校務，貢獻卓著。在校長任期間林仁益同時還擔任高雄市都市計畫委員會委員、高雄市採購調解委員會委員等多個委員會委員，進行高雄捷運初勘，對高雄市政建設長期有貢獻。

除了豐富的行政與辦學經驗，林仁益的學術研究成果也十分卓著。林仁益與台科大黃兆龍恩師合作，積極研發高性能混凝土，並且獲得數項專利，高雄東帝士 85 層大樓在建造時，混凝土的研發突破，便是台科大黃兆龍教授與高應大研究團隊共同完成。之後又陸續完成台電飛灰與中鋼爐石等專案計畫，不僅申請到專利，並將研究成果列入國家標準之規範中，同時為產學合作塑造了新的里程碑。

虛心學習，快樂成長

林仁益感謝母校師長之栽培，在台科大前後八年的時間，學會了樂觀進取、穩健踏實、團隊合作、溝通協調與熱忱助人的良好人際關係，這對日後他在社會上的待人處世有相當大的助益。林仁益也勉勵台科大學弟妹能本著誠懇務實的精神，在師長的提攜下虛心學習，快樂成長。

技專體系出身，英文大都較差，林仁益也不例外，進研究所後，幾乎每本教科書都是原文書，讓他倍感吃力。但他下足苦工念英文，到最後終於體會到念英文不難，就是不要害怕，並且花比別人更多時間投入，自然就能趕上，若有機會他建議同學最好能到各國看看。

■ 因工程專業背景，2008 年被延攬擔任高雄市副市長

關鍵在於用功、投入

林仁益認為，現在學校的師資、教學、設備，都比他那個年代好很多，關鍵在於有沒有用功、投入。

林仁益說，高職生英文、數學程度差一點沒關係，但要把該學的專業科目學好，若想繼續升學，進大學後再用功補強英、數；等英、數追上從高中升上來的大學生，加上比較強的專業科目，進入社會競爭時就不會吃虧。

林仁益　　營建工程系二技 71 年畢業
現職：台北市政府顧問．高銀人身／財產保險代理人股份有限公司董事長
　　　高雄銀行社會福利慈善基金會董事長．國立金門大學終身名譽校長
主要經歷：景文技術學院代理校長．國立高雄應用科技大學校長
　　　高雄市立空中大學代理校長．高雄市副市長

實作經驗
是競爭的基礎

臺北科技大學副校長 **林啟瑞**

　　臺北科技大學林啟瑞副校長是台科大機械工程系畢業校友，在台科大五年的紮實訓練讓他奠定學術基礎，一步一腳印從北科大系主任、電機學院院長到現在擔任的副校長。而台科大老師教學時的嚴格認真及對學生的關懷，更影響他後來當上教授時所扮演的角色。林啟瑞更勉勵年輕學子打好實作基礎，未來才能在職場上具有競爭力！

求學甘苦點滴在心

　　邊翻開泛黃的畢業紀念冊，一邊娓娓道來那些年的求學點滴，臺北科技大學副校長林啟端二十四歲那年報考二技，鉗工、車工、焊接、銑床、量測……，每一項的術科技能儘管考得是戰戰兢兢、汗流浹背，但終於讓他考進臺灣工業技術學院機械工程系。也因為考試競爭激烈，能考進來的學生不但是一時之選，每一位也都基礎紮實且具有工作經驗。

　　林啟瑞就讀台科大時，已經在臺北工專（現北科大）當助教，

■ 台科大師長的教誨，讓林啟瑞成為教學認真、關心學生的教授

同時得兼顧課業及工作，但他心中明確知道唯有繼續攻讀學位才能在職場上更有發揮的空間。即便三個小孩陸續出生讓他分身乏術，但在台科大就讀的五年光陰卻是非常充實。回想起梁文傑教授的工數、陳義男教授的流體力學、呂維成教授的繪圖、鍾來貴教授的焊接……，這幾門課都讓他獲益良多。談到指導教授雷添壽，林啟瑞直惦記著好久沒跟老師吃飯了，感性地說：「在就讀碩士班的時期，雷教授嚴格認真的要求以及關心學生的胸懷，也潛移默化影響了自己後來所扮演的教授角色。」

奠定基礎，累積經驗

一路從臺灣工業技術學院二技念到 76 級研究所，後來又取得交通大學機械博士，林啟瑞一步一腳印，在臺北科技大學先後擔任系主任、電機學院院長、現任副校長，2011 年還獲得俄羅斯國際工程院通訊院士（Junior Academician）的殊榮。成功絕非偶然，林啟瑞在每一個場合提到台科大，總是深深的感念過去師長的指導以及母校的提攜與支持。

■ 從北科大系主任到副校長,台科大的紮實訓練奠定了林啟瑞的學術基礎

看到新一代的年輕學子，林啟瑞在課堂上更是時常不厭其煩的提醒奠定基礎的重要性，他說：「沒有實作經驗空有知識就無法學以致用。」他舉機械系畢業生為例，大多學生都想應徵高科技產業的工作，但進入職場後時間一久卻無法真正發揮專長；反觀傳統產業看起來或許吃力，但從中可累積的經驗以及發展的技術卻是更紮實多元。

林啟瑞建議畢業生選擇工作先看自己的興趣在哪，不要因為怕吃苦而失去磨練的機會，增加競爭力在於不斷的提升實務經驗、理論基礎完備以及工作態度認真。

賢內助化辛苦為幸福

林啟瑞年少時就很清楚的立定未來的志向，連選擇另外一半也是具有策略性的。林啟瑞與夫人從國小就是同學，到後來十七、八歲時景美女中與臺北工專（現北科大）的距離並沒有淡化兩人的緣分。林啟瑞打趣說，他可是特別精心的安排舉辦活動才讓兩人一直有機會見面，當然結局是皇天不負苦心人，讓他娶得美人歸。

說起這位賢內助，林啟瑞仍是滿臉甜蜜，兩人攜手走過的時光再辛苦也都化為幸福的力量。林啟瑞的大兒子同樣繼承衣鉢選擇了機械領域，取得史丹佛大學碩士學位後，現在正攻讀美國喬治

■ 教育部舉辦的技專校院技術研發成果展,臺北科技大學推出「會呼吸的生態磚」,產值上看百億

亞理工大學博士學位,未來也將從事教育工作。

　　長期以來林啟瑞都以「樂觀進取,人助自助」為座右銘,林啟瑞事業與家庭並重,對孩子們的教育方式也是適性發展,尊重他們的興趣。

母校成果斐然，校友凝聚向心

林啟瑞說，母校台科大這幾年成果斐然，不僅獲得五年五百億頂尖大學計畫及典範科技大學計畫，世界大學排名每年都有穩定進步，畢業生受企業歡迎度國內排名都在前五，這些優異表現的數字不但令校友與有榮焉，也喚起校友為母校回饋的實際行動。

林啟瑞說每次參與校友會活動，看到校友凝聚的向心力都讓他相當感動，他不禁想起校歌：「巍巍吾校、技術學院、濟濟群英、工業前鋒」，幾句歌詞道盡校友們的共同回憶。

身為臺北科技大學副校長，林啟瑞樂見台科大與北科大能夠結伴運用兩校各自專精的研究領域進行資源共享，共創雙贏，他願意當台科大的推手，為台科大的榮耀盡一己之力並發揮影響力。

林啟瑞　機械工程系二技 71 年畢業　碩士 76 年畢業
現職：國立臺北科技大學副校長
主要經歷：技專校院招生委員會聯合會副主任
　　　　　台灣工程科技與應用醫學學會理事長
　　　　　俄羅斯國際工程院通訊院士
　　　　　台灣鍍膜科技協會常務理事・教育部學術審議委員會委員
　　　　　中國機械工程學會傑出工程教授

台科大永遠
是最好的選擇！

前行政院副秘書長 蕭家淇

　　前行政院政務副秘書長蕭家淇是臺灣科技大學營建工程系畢業校友，蕭家淇地方行政經驗豐富，過去曾擔任台中市政府經發局局長、環保局局長，2002 年起任台中市副市長直到 2013 年，也是台灣最資深的副市長，之後調至中央擔任內政部政務次長，2014 年接任行政院政務副秘書長一職，扮演院長左右手角色。豐富的行政經驗讓他嫻熟各項內政及公共事務，服務內政部期間更榮獲 2013 年國家卓越建設獎「國土建設特別貢獻獎」。

內向個性踏上公務員之路

　　蕭家淇時常受邀至各大學演講，甚至面對媒體鏡頭也能侃侃而談，然而當初蕭家淇會報考公務員的原因之一卻是他害羞內向的個性。

　　在鄉下長大的蕭家淇，在台中高工念建築科時，因為自身個性害羞內向，當時的葉姓導師相當照顧他，大力推薦他當班級幹部訓練台風，然而念建築領域或是跑工地都與蕭家淇的個性不合，

■ 蕭家淇中央及地方行政經驗豐富，曾任行政
院副秘書長、台中市政府經發局局長等

因此葉老師建議他乾脆去考公務員。台科大畢業後他想起葉老師的教誨，趕緊報考高考，經過充分的準備考上高考，開始在公家單位服務。

　　回想起第一天上班時，局長第一天就接見新來的同仁，後來局長發現蕭家淇是他台科大的學弟，就勉勵他「人的潛力無限，認真做就會很有前途」。謹記學長勉勵的蕭家淇，三十四歲便擔任局長，對照他原本預計六十五歲當上局長的計畫，等於是提早圓夢。之後有感所學不足，赴英國愛丁堡大學繼續念書攻讀博士，取得社會科學學院建築博士。

在校養成 Just do it 的生活哲學

　　從台中高工到台科大，蕭家淇說，在台科大求學很快樂，技職教育重視實務課程，養成他「Just do it」的生活哲學。

　　蕭家淇說：「大學時，老師剛從美國回來，都很年輕，大概二十七、八歲，我們和老師沒有距離像好朋友一樣，感情很好，一起去跳舞，一起去舞會。我們以前那個時代很流行找一個房子或租房子開 party，別校同學還以為我們老師也是學生。」蕭家

■ 前行政院副秘書長蕭家淇關懷弱勢

淇印象最深就是老師很年輕，給他們很多生活上和學習上的照顧，並勉勵大家從技職學校出來要踏實、務實、認真、誠懇。

恩師與伴侶都在台科大

在台科大時，營建系林英俊教授是影響蕭家淇最深的老師，蕭家淇很感謝恩師，他們情同兄弟，有什麼問題都會向他請教，或是帶他的小孩出去玩。林老師不但是良師更是益友，就學期間從他身上獲得專業學識，直到畢業後去考高考，也是利用在台科大時紮實所學考上的。蕭家淇說：「台科大這學校不但培養我很多做人處世的道理，更是讓我順利考上高考的關鍵。」

另一個在台科大就讀的重大收穫，就是找到人生中的伴侶。蕭家淇說，太太是在重修班認識的電子系學妹，因為重修所以到她

■ 時任行政院副秘書長，參加 2014 年故宮南院上梁活動

們班上課。她小他兩屆，上課時他跟小學妹借筆記，更進一步約她出去看電影，後來漸漸變成女友。蕭家淇常笑說：「愛情這課題也同時在台科大裡修滿學分，這所學校對我真的影響很大！」

設身處地，服務他人

蕭家淇擔任公職多年，觀察公務體系人才多元，然而技職教育所培育出的人才，更能從實務經驗培養面面俱到的縝密思考。

蕭家淇說，在工作上抱怨較少，懂得體諒主管，是技職學校教出來的美德，這讓他在社會上比別人有更強的競爭力和適應力，出社會工作也期許比別人認真，是會替老闆想事情的員工。在公務體系工作，蕭家淇會盡量以主管的立場替主管設想，例如：他在這位子會怎麼做？即便是想法不同時，他也認為可以彼此調整，要是違反法律，他就會主動與主管溝通。蕭家淇笑說，他跟過很多主管，都有一定的操守，很少遇到這種兩難的情況。

「設身處地體諒他人的辛苦與難處」，是蕭家淇一直以來的從政主要理念，不管是對主管或是民眾，他都會為他人立場著想。

三十看學歷，四十看經歷，五十看實力

蕭家淇認為，年輕人到社會上，前五年建立自己的口碑和品牌很重要，要是虛混做事，人家提起你的印象就是「喔！那個很會打混、油腔滑調的那位嗎？」這樣就很糟糕，所以他覺得「三十歲之前看學歷，四十歲看經歷，五十歲就是看自己的實力。」

學歷、經歷、實力，這三力很重要，蕭家淇說，剛畢業人家看你的學歷，但是接下來就是看你個人品牌，看你的服務品質，如何和同事相處，所以年輕人一開始一定要建立好自己這個品牌，一開始建立得不好，就很難扭轉以後別人對你的印象。再者，建立好品牌，以後不論是長官、部屬、民眾對你才有忠誠度。

因此，蕭家淇一向以服務民眾為重，盡量給民眾方便，不要刁難人家。他提到以前在建管單位服務時，建商都會來接他們，但他都請建商不用來接，因為他知道建商也很趕時間，都會盡量自己坐公車去，讓大家方便。蕭家淇說：「給民眾方便，這很重要，因為民眾會感受到你的用心。」

以「精誠」為人生座右銘

蕭家淇也鼓勵同學在學期間每天至少要有八小時甚或更長的時間沉浸校園，縱使沒課，也應該在學校的學習氛圍內陶冶性情，

■ 服務內政部期間榮獲 2013 年國家卓越建設獎「國土建設特別貢獻獎」

培養認真誠懇的學習態度，這對人格的養成會有極大的幫助。他期勉學弟妹們充實自我、放眼國際、光耀台科大。

此外，他也特別勉勵學弟妹，在追求知識之餘，涵養關心社會與服務群眾的態度、帶動正向價值以驅使社會進步也非常重要，就如台科大彰顯的校訓「精誠」的精神所在，精於做事，誠以待人，希望學弟妹以此作為人生旅途之座右銘。

蕭家淇　　營建工程系四技 72 年畢業
主要經歷：台中市政府股長、技正、建設局、經濟局、環保局局長
　　　　　國立勤益科技大學兼任助理教授・私立逢甲大學兼任副教授
　　　　　台中市政府副市長・國立台中科技大學兼任助理教授
　　　　　國立中興大學兼任助理教授・內政部政務次長
　　　　　行政院政務副秘書長

學到老
才能活到老

鋼瑪科技董事長 李茂碏

　　出生雲林北港的李茂碏，《汪洋中的一條船》主角鄭豐喜是他舅舅，臺灣科技大學就像「命中注定遇見你」的貴人，考上台科大讓他娶回美嬌娘，人生兩次創業都與台科大有關。這位精密工業點子王，拿到經濟部「創新研究獎」。鋼瑪科技董事長李茂碏說：「要學到老才能活到老」，且不要怕失敗，因為「機會就藏在失敗中」。好學不倦的他至今還攻讀台科大博士班，是「活到老學到老」的最佳典範。

工作課業家庭，三頭忙出好功夫

　　來自雲林鄉下的李茂碏，小時候隨著父親北上，因家境不好，初中升高中時，就讀台北市立高級工業職業學校（現大安高工）機械科補校，白天在工廠工作，晚上念書，四年時間為他奠定紮實的機械技工基礎。退伍後有感於所學不足，加上現在岳父要求考上臺灣工業技術學院才能娶他女兒，為了青梅竹馬的女朋友，苦讀拚上台科大。李茂碏還記得放榜後到岳父家，「岳父還特

■ 李茂碭是精密工業點子王，不僅曾獲經濟部「創新研究獎」，更好學不倦三進台科大

地從門前空地衝出來迎接我」，他也在大一上學期將女朋友娶回家。

考上台科大機械系後，李茂碭白天念書，晚上工作，後來小孩出生，還要幫忙照顧。雖然工作、課業、家庭三頭忙碌，但腦筋靈活又聰明的李茂碭，將所學應用在工作上，練就出在忙亂的生活中如何掌控與分配時間的好功夫。李茂碭說，台科大課業繁重，晚上還要工作，若作業寫不完，隔天一大早就去宿舍找同學「支援」，至今同學在聚會時會開他玩笑說：作業都是靠他們。

台科大打下創業基礎

台科大對李茂碭的影響深遠，就讀機械系四年期間，李茂碭在校時除了上課，就是窩在三樓圖書館，幾乎翻遍國內外和機械相關的論文與期刊雜誌。這段期間，李茂碭學會自己找資料、研究及專利申請，了解整個產業的現狀與未來發展，明白策略性關鍵零組件的重要性，他說，「台科大為我打下創業的基礎。」

1984 年剛畢業才二十九歲的李茂碭，就創立台灣滾珠工業公司，研發出大量生產製程的滾珠螺桿，他將台科大所學盡情發

■ 以「正面思考，積極面對」為座右銘

揮，成功將台灣滾珠推向國際舞台。

重回台科大就讀 EMBA

　　隨著台灣滾珠公司營運步入軌道、業績蒸蒸日上，李茂碪認

為在公司管理上必須自我提升，於是在 1998 年返回台科大就讀 EMBA，「這是很好的學制，讓學工科者知道怎麼管理」；李茂碷白天上班，晚上上課，在台科大「潛心修練」後功力大增，懂得如何行銷、創造公司價值，以及如何進行企業變革與組織再造。李茂碷後來又創立國際直線科技公司，台灣滾珠則交給兄弟經營，他認為是管理打通了任督二脈，「否則再厲害的武功也發揮不出來」。

國際直線主要鎖定每年全球高達五百億年產值的世界線性滑軌市場，但線性滑軌專業技術掌握在德、日等國手上。在李茂碷專業加上管理的雙刀流威力下，國際直線突破專利封鎖，開發出多項世界首創專利，業績翻了好幾翻，還獲得經濟部頒發的「創新研究獎」，後來國際直線則被併購。

年近六十，三進母校

俗諺說：「活到老、學到老」，李茂碷則認為：「要學到老才能活到老」，因為在知識爆炸時代，科技業瞬息萬變，鋼瑪科技以研發為主，身為董事長的李茂碷為帶領公司邁進，自認要重新充電，因為不進步就會被淘汰。2011 年，他報考台科大機械系博士班，這也是李茂碷「三進」台科大求學。

不斷求學進修的背後，也反應李茂碷每一階段遇到的問題。李

■ 獲頒創新研究獎

茂碃說，進入台科大 EMBA 當時國際直線被併購，「因為對併購問題不熟悉吃了大虧」，但也讓他學到重要一課。後來李茂碃創立鋼瑪科技公司，以精密機械的創新研發為主。

機會藏在失敗中

要忙著研發、管理公司還要三進台科大進修，讓人不禁好奇李茂碃怎麼有這麼多「美國時間」？李茂碃說，道理其實很簡單，「就是學會找出重要事項、再排列與取捨」，但如何從每天紛至沓來的事情中排出先後順序，這得感謝當年念台科大四技時的磨練，這也是每個人需要學習的。他同時認為，不管工作或創業，大家應不要怕失敗，因為「機會就藏在失敗中」，公司的獲利來自於解決問題。

對於學弟妹，李茂碃認為，台科大學生優點為專業強，「就是拚實作」，建議在學時要對專業知識及語言下功夫，要有勇於創新、不怕失敗的想法，並勇於參加各種比賽，才能培養「找到問題、解決問題」的能力。

■ 活到老學到老，李茂碏至今仍攻讀台科大機械系博士班

　　對李茂碏，台科大是「命中注定遇見你」，也因為「愛之深、責之切」，對母校期許也更高，他建議目前博士班的課程應該學習國外，博士生先定好自己論文題目、自己安排課程，校方並多安排跨領域課程，才能彼此刺激求進步。

李茂碏　　機械工程系四技 73 年畢業　　管理研究所 EMBA 91 年畢業
　　　　　機械系博士班就學中
現職：鋼瑪科技董事長
主要經歷：金士盾科技股份有限公司董事長
　　　　　國際直線科技董事長‧育承機械有限公司總經理
　　　　　上海國科精工有限公司負責人

玩什麼
像什麼

富樂群建設公司總經理 **莊子華**

　　富樂群建設公司總經理莊子華從靜心中小學、師大附中、淡江大學到臺灣科技大學，念書過程一路平順。莊子華說，自己因為家庭教育的薰陶，從小培養美感和藝術鑑賞能力，初中時父親送了一部 Nikon F2 單眼相機，讓他高中時便有自己的彩色暗房，比一般人更早開啟視覺藝術的能力。對藝術的喜愛更讓莊子華在老家迪化街成立一間「莊義芳商行」博物館。

將興趣玩得透徹專精

　　莊子華自小便修習音樂，能彈鋼琴也能自己創作鋼琴奏鳴曲，念師大附中時更加入樂隊，還幫樂隊翻譯總譜，展現在樂理上的訓練積累，而附中的樂隊也在他加入的那兩年蟬聯比賽冠軍。除了音樂，莊子華從小也學游泳，最後成了紅十字會的救生教練。看起來愛玩的莊子華，喜歡將喜愛的興趣玩得透徹專精，這樣的人格特質讓他在創業路上，應用所學創立了自己的建設公司。

　　就讀淡江大學時期，莊子華因為在教科書最後一頁讀到台科大

■ 莊子華將喜愛的興趣玩得透徹專精，並將這股精神用於創立自己的公司

林耀煌教授，便主動到台科大找林教授討論自己的志願和方向。後來，他發覺大學和技職體系所學不同，便決定大四整年都在台科大上課，之後順利當上研究助理，進入台科大營建工程研究所就學。

林耀煌教授對莊子華的學習影響至今仍很深刻，莊子華說，即使教學十五、二十年了，林老師仍然秉持用心備課的態度面對每一堂課，三小時的課花五小時以上準備，認真的精神讓他感佩在心。在台科大念書的莊子華，研究所一年級的時候將三十學分一口氣修完，研二則上資管、企管課程，本該花時間寫論文卻都在外系上課。他謙稱自己不是用功的學生，但只要興趣的事情則會認真付出追求。

家教嚴謹，自創事業

提到生長背景，莊子華低調的說，父母都是日本大學畢業，家裡也有自己的事業，雖然身為獨子，卻沒有驕寵的氣息，全是因為家教嚴謹。受日本教育的父母在生活教育上非常嚴格，莊子華笑著說，家裡從來沒設下規矩，但就是知道要遵守「不成文」規

■ 個性活潑、喜歡接觸不同事物的莊子華

定，這是父母以身作則傳承下來的家規。

　畢業後，莊子華也是看報紙找工作，「我爸爸也是這樣的，我祖父是大生意人，也是讓自己的孩子去找工作。」他補充說明。莊子華在營造廠與顧問公司各待了兩年，都因為公司發不出薪水只好辭去工作，和其他主管合夥開顧問公司。

不靠背景自己闖

　1996 年公司剛成立，起頭萬事難，常常因為周轉精疲力盡，由於父母要莊子華自己闖闖看，家裡並沒有特別支援。這時，剛好一位同事兼做電腦軟硬體服務，當時聯強剛出來便加入經銷商，一方面幫客戶規劃電腦系統，可有額外收入，另一方面也可省公司軟體費用，於是公司營運便開始慢慢順利。但之後公司其他股東要做標案，莊子華判斷有違法之處，不願同流便主動求去。後來看著過去戰友被起訴後官司纏身，讓他感嘆並強調：「要創業，守法是最基本的要求。」

■ 和員工、朋友一起打球，促進感情

　　2006 年創立富樂群建設公司之初，莊子華對同仁說，一開始錢沒賺到沒關係，就當作是練兵，學取經驗、養成一手好功夫，鼓勵員工有能力開發就開發，真的沒辦法還有他做後盾。原來莊子華手上有許多土地，但希望員工靠自己的能力讓公司向上經營，自己則成為穩固的後盾，而公司手上的案子也不負期待賣得很好。莊子華家族也是相關事業，創立富樂群也是希望房子與其給別人蓋，不如自己蓋，真材實料最放心，也算是守護父母的產業。

　　領導員工的莊子華採行自由風氣，但不希望一件事情要讓他提醒三次。雖然他是結果論者，事情完成後的檢討還是很重要，莊子華指出：「製造過程沒改善，下次還是會遇到一樣的問題。」此外，莊子華每星期都和員工一起打球，促進感情，也常常帶他們出去玩，同事間感情向來都很不錯。

■ 獲頒台科大第三十六屆傑出校友（左為台科大創校校長陳履安）

老家化身博物館

迪化街是莊子華的老家，將祖父居住時之原貌重現，而成為博物館開放供人參觀是他的願望，博物館目前也開放中。另一個願望是蓋一家小型旅館。莊子華常常到世界各地旅行，尤其喜歡古蹟改建的旅館，因此他決定挑一些古蹟下手，運用專業改建成古蹟旅館，房間不多小小精緻的旅館是最理想的。

印象中，從曾祖母、祖父輩到父執輩不只捐錢蓋廟，祖父也承擔公益社團的負責人。受到家庭影響，莊子華認為做公益是很自然的事。現任中華民國紅十字會水上安全工作大隊理事長，並且也是救生教練的莊子華救溺無數，曾經救過休克的母親，更明白學會急救的重要性。莊子華相信因果關係，在生死關卡能用專業

救溺不只是助人也是助己，他誠心的認為「不要想太多，好心有好報」，曾同時救起兩個溺水孩子的他，在那之後也得到了期盼已久的雙胞胎，莊子華感恩地說：是福報。

勇於推銷自己

莊子華勉勵台科大學弟妹要勇於推銷自己，認為在專業上鑽研固然不錯，但也別因為不懂得推銷自己而錯失良機。他指出，台科大學生態度認真，一心想著專業與工作，但另一面則會顯得彈性較少，稍顯頑固；然而出了社會，專業上的事花錢都能解決，唯獨「人和」最難。學習如何與人社交是重要的一環，就算成績很好進入一家公司，但人沒做好，事業不一定會順遂。

另外，莊子華再次強調守法的重要性，且不要太過計較利益，勤能補拙。他更鼓勵年輕學子要多看書，並加強創新能力，「創新」能讓設計增加更多附加價值，創新能有新的爆發力，讓世界看得到你！

莊子華　營建工程系碩士 83 年畢業
現職：富樂群建設股份有限公司總經理
主要經歷：美湖股份有限公司董事長・隆遠股份有限公司總經理
　　　　　隆雲股份有限公司總經理・美祺股份有限公司董事長
　　　　　台灣第一劇場股份有限公司常務董事

開拓台灣
新絲路

和友紡織股份有限公司董事長 **卓欽銘**

　　美國總統歐巴馬愛用的 TUMI 公事包，法國精品 Longchamp，還有色彩繽紛的花布包 LeSportsac，很少人知道這些國際知名的名牌包布料很多產自台灣的和友紡織股份有限公司。和友紡織董事長卓欽銘畢業於臺灣科技大學纖維及高分子研究所，他累積了大量現場及實戰經歷，發展獨特紡織素材，成功拓展公司經營並帶領台灣產業走出一條新絲路。

傳產 F4 開創自己的藍海

　　卓欽銘不僅是和友紡織的董事長、台灣產業用紡織品協會理事長、中華民國紡織業拓展會董事、紡織產業綜合研究所／紡織產業發展委員會副主委，中華民國全國工業總會第九屆的理事，也曾擔任台灣區絲織工業同業公會第十八、十九屆理事長（2006~2012 年）。2010 年時更與捷安特創辦人劉金標、慶鴻機電董事長王武雄、福助針織公司總經理魏平祺，以「傳產 F4」之姿代言 ECFA。

■ 卓欽銘累積了大量現場及實戰經歷，發展獨特紡織素材，成功拓展公司經營並帶領台灣產業走出一條新絲路

卓欽銘致力於協助台灣紡織業發展及拓展事宜，幫忙同業組團出國參展接單，對促進台灣紡織產業發展有很大的貢獻。

和友紡織早期是經營苧麻紗和苧麻襯裡布，1970年代建立印染廠和織布廠以擴大業務。在國內紡織廠陸續出走之際，和友投注大量研發人力生產各種精緻、環保以及高技術含量布料，開創自己的藍海市場。

提升技術，提高附加價值

卓欽銘認為，傳統產業雖然相較電子產業穩定，但最近幾年市場變化快，必須提升技術，靠材料加工提高附加價值，才能在競爭的市場中出線。和友獲得 Bluesign® 的肯定，更與國外精品品牌合作，成功的將傳統產業轉型發展。

和友紡織由卓欽銘的父親和友人創立於 1964 年，是已有近五十年歷史的老牌公司。卓欽銘畢業後就進入家族企業，但他並沒有一開始就坐辦公室，而是到工廠的現場從最基層的紡紗機台做起，並且輪流在每個部門磨練，最後成為一位公司經營者。卓

■ 與鈊象電子李柯柱董事長（中）和連丁貴榮譽碩士（右一）合影

欽銘回憶：「剛開始工作時，不僅要和其他作業員一起操作機台，甚至還會參考國外的新機台，自己組裝、修改機器，什麼樣的工作都嘗試過。」

進入現場，解決問題

卓欽銘認為，一位成功的管理者必須有宏觀的視野及相當的現場經驗與專業知識，看事情才能既深且廣，做出有利的決策。卓欽銘感嘆，現在許多大學畢業的求職者都想當設計師、工程師，很少有人願意進入作業現場。但是對現場狀況不了解，解決問題的能力就會受限。他說：「你對現場不了解，即使你讀的理論再多也無法解決下屬的問題，這樣沒人會看得起你！」

因此，卓欽銘寧願用高職生，他認為，高職生只要態度好、努

■ 與時任台科大主秘的周子銓教授（左）合影

力、肯幹，在工作的現場總是會有人一步步帶著他們學習。卓欽銘說：「人格、態度甚於一切。」鼓勵年輕人要努力、肯幹，更鼓勵大學生一定要「進入現場」，唯有進入現場才能真正了解發生了什麼事，也才有能力解決事情。

另外，卓欽銘也鼓勵學弟妹，在學期間就要培養自己成為老闆的實力，在學校時期就要學著當主管。他建議學弟妹，除了修自己本科的課，也要多修一些諸如成本會計學、管理學、統計學等的通識課，如此才能拓寬自己的視野、做更全面性的決策，未來才有機會當老闆。

只想考回台科大

在和友紡織工作三十餘年後，學習機械背景的卓欽銘有感於

■ 金門校友會成立時，代表校友總會赴金門參訪

自身沒有涉獵紡織的理論基礎，雖然有相當豐富紡織產業實作經驗，但仍感不足，因此決定再回學校進修。卓欽銘說：「我退伍時有去考過第一屆的台科大，結果沒考上，後來想再回學校讀書，我沒有考慮其他學校，就只想考回台科大。」

卓欽銘說，台科大幫他補齊所有紡織相關的理論和基礎，其中葉正濤教授的高分子理論課最吸引他，讓他印象深刻。回憶在學期間，卓欽銘在系上相當活躍，除了積極參與系學會，他也時常和老師互動。他靦腆地笑說：「我覺得我會當選（102 年傑出校友），應該是老師他們抓不到別人只好抓我啦！」

學好英語，培養人脈

　　身為校友，他也提供台科大學生實習機會。卓欽銘認為台科大學弟妹工作能力都不錯，學校已提供完整的基礎理論訓練，接下來就是靠自己在職場中做中學。不過他強調，如果學生英文能力不足，不僅自己能力提升有限，連工作機會都會受到限制。

　　雖然是傳統產業，英文卻很重要。卓欽銘舉紡織業為例，他說許多設備、化學品、資料都是英文，如果英語能力不足，資料吸收就有困難。再者，他說：「英文能力差，主管根本不敢帶你出國開會、觀展！」英文不好會喪失許多升遷發展的機會。另外一項課題就是「人脈」的重要性。卓欽銘勉勵學弟妹，在校期間多和老師與同學保持良好的互動與聯繫，因為往後在業界，這些人脈都是你寶貴的資產。

卓欽銘　　材料科學與工程學系碩士 94 年畢業
現職：和友紡織股份有限公司董事長・台科大校友總會理事長

3

0 與 1 的魔法師

專業執行
「村村有寬頻」

台科大專案教授級專家 **謝進男**

　　出生在台北市萬華區的謝進男，從小家境貧困，為了念書得先工作賺取學費再升學，艱辛求學之路淬鍊出過人的意志力與同理心。他在電信廣播電視界豐富的產官學研經歷贏得敬重，在罹患肺腺癌後仍抱病完成「村村以及部落鄉有寬頻」的基礎網路建設。現為台科大專案教授級專家的謝進男說，小時候自力更生還要照顧弟妹，養成他獨立與堅毅性格，工作時他堅持專業優先以及誠實以告，他以「擇善固執」來面對人生。

家窮志不窮，打工賺學費

　　因為家裡較窮，謝進男回憶，往往白飯加豬油或醬油就是一餐，想念書，學費就得靠自己賺，「從國小畢業到專科畢業，幾乎就是不斷的打工」。謝進男從北市雙園國小畢業後考上萬華初中，初中時仍利用課餘打工賺錢，畢業後家中經濟狀況沒改善，所以先打工一年賺取學費。謝進男先後到聲寶、松下公司擔任作業員，工作一年存夠錢後，錄取大安高工電子科日間部以及

■ 謝進男以擇善固執來面對人生

補校，更成為班上唯一應屆考取當時第一志願台北工專（現台北科技大學）電子科的學生，謝進男笑說：「可能是我數學比較好。」

就讀台北工專期間，謝進男雖忙於打工，成績仍名列前茅，還領取電信總局獎學金。退伍後謝進男進入電信總局服務，儘管工作繁忙，好學不倦的他僅花費一年時間就考取台科大電子工程系，只是考驗卻也加倍：白天念書，傍晚起要到機房值班工作到深夜，還得準備功課，往往凌晨才得以休息，每天大約睡六小時，「真的是蠟燭兩頭燒」，還好辛苦兩年拿到大學學歷，後來更考上高考以及電信高級工程師特考，成為電信總局正式員工，擺脫約聘人員無法調薪與升職的問題。

村村有寬頻的願景

後來謝進男轉戰電信產業界，先進入工研院電通所帶領的全台灣最大無線研發團隊，接著進入剛要開放的有線電視產業，協助業者取得十六張有線電視執照後，成為各方諮詢對象，年薪相當可觀。後來基於使命感，即使薪水少了三分之二，仍接任國家通

■ 擔任 NCC 委員時推動「村村有寬頻」計畫，走訪全台 1000 個部落

訊傳播委員會（NCC）委員。NCC 管轄的電信產業牽涉龐大的
利益，任何重要的風吹草動，少數財團經營者會馬上打電話關
切，但謝進男說：「我的原則就是在守法下，專業優先，誠實以
告。」在政風的監督下以專業背景和對方溝通，並告知可能承擔
的風險為何，深入剖析各種解決模式，絕對不會屈服對方壓力。
只要認為對整個電信產業有利，謝進男也會力挺經營者，深獲肯
定。

　　任職電信總局期間，謝進男參與總統蔣經國在 1975 年推動的
「村村有電話」計畫，後來擔任 NCC 委員，謝進男則推動「村
村有寬頻」計畫，他坦言多少受到蔣經國先生的影響。因為當初
推動「村村有電話」計畫時，他的足跡踏遍全台 373 個偏遠村
落，偏鄉民眾得徒步數公里才能打電話，出身貧困家庭的他，可

■「村村有寬頻」計畫，走訪馬祖莒光鄉東莒小學

以同理心感受處於現代的原住民部落沒有寬頻可用的困境，所以
2006 年起大力推動「村村有寬頻」，就這樣跑了 82 個鄉、117
個轉播站、500 個村里以及 1000 個部落鄰。

一面化療一面全台到處跑

就在謝進男準備大展拳腳之際，身體卻出現警訊。2006 年 7
月發現罹患肺腺癌第一期，11 月開刀才發現為第二期，並進行
化療。基於一份責任感，謝進男在化療期間依然拖著疲累的身體
到各偏鄉督促計畫之執行，短短半年全台 46 個村完成寬頻建設，
當時台灣成為全世界面積同一等級國家中，第一個達到「村村有
寬頻」的國家。

為推動「村村有寬頻」，謝進男幾乎走遍全台所有偏鄉與部落，

■「村村有寬頻」計畫，走訪偏遠地區獲當地村民感謝

他說，寬頻網路讓偏遠地區兒少享有和都市一樣的環境，縮短城鄉差距，民眾可訂購偏鄉蔬果，偏鄉民眾也可準確掌握每天該摘取的數量，更創造年輕人回鄉的環境。他因此結交不少好友，至今保持聯繫，每逢原住民相關慶典時邀約不斷，還經常幫他們銷售蔬果。

放慢腳步，樂觀以對

謝進男的肺腺癌現在已經穩定控制，這個疾病更讓他對人生有更深一層領悟，他說，多做公益及善事，將自己生病所經歷的痛苦經驗有系統的傳承給別人，讓自己的身心靈保持快樂，適度的運動，重視食材以及飲食等都很重要，盡量放慢腳步及量力而為，也是這九年來自己最欣慰的事之一。

謝進男說，回頭看自己從小到大的求學過程雖然艱辛，卻養成獨立個性，磨練出專注力與意志力；在台科大念碩士，為了兩年畢業並達到老師的高標準要求，他撰寫報告的高度幾乎和書桌一樣高，為他奠定良好的學術基礎，現在要感謝當時老師的嚴格要求。

專業決定你的價值

對有意投入電子工程產業的學生，謝進男認為，專業最重要，因為「專業決定你的價值」，他也看到目前不少學生英文不錯，國文程度卻不佳，這部分缺點應改進；另在校期間應多參與社團，不僅認識朋友，更要踏出校園認識社會各個層面，才能懂得惜福，對社會有所貢獻。對母校，謝進男感謝師長的栽培，也期待台科大在世界大學排名能有更亮眼成績。

謝進男　電子工程系二技 67 年畢業　碩士 71 年畢業
現職：國立臺灣科技大學專案教授級專家
主要經歷：國家通訊傳播委員會委員
　　　　　國家通訊傳播委員會電信普及服務外聘委員
　　　　　台灣區電機電子工業同業公會 ICT 產業聯盟副會長

願景與公益的實踐家

研揚科技董事長 莊永順

（台科大名譽工學博士 2011 年）

　　工業電腦研發製造大廠研揚科技董事長莊永順，是臺灣科技大學電子工程系畢業校友。莊永順興學濟貧，不僅設立研揚文教基金會推廣公益與藝文欣賞、科學教育等活動，也與母校台科大共同推動「聚沙成塔助學計畫」募款專案，幫助台科大二百名經濟貧困學生度過難關安心就學。其中，最為人稱道的就是 2009 年為回饋母校對他的栽培，捐贈二億元給台科大興建「研揚大樓」回饋母校，創技職教育史上最高個人捐款紀錄，更帶動企業界捐資興學的風氣，並獲頒技職教育貢獻獎。

拿到惠普公司門票

　　莊永順正如俗語說：「一技在身，勝過良田萬畝。」就讀嘉義高工電子科時，他深覺電子科技進步神速，學習需要更精進，為了開創自己的前途及未來，當時腦中只有一個念頭：「學習、再學習！前進、再前進！」專注心力積極準備後，考上國立台北工專電子工程科，服完兵役後，考取國立臺灣工業技術學院電子工

■ 參加台科大竹北校地動土典禮

程系,辭去工作,請益師長,專心念書研究。

回憶在台科大念書時,莊永順特別感念同學與學長的推舉,讓他有機會競選當時的學生活動中心總幹事一職,競選時需要的拜票與政見發表對個性內向、不善公開演講的他來說是一種挑戰。莊永順擔任總幹事一年以來做事用心,被交付的使命都能努力達成,加上在台科大時品學兼優,讓他獲得紐約中國工程師學會獎學金。而惠普公司通知得獎者面試的機緣,也讓他從台科大畢業不久就順利進入惠普公司就職。

要當帶頭的野雁

在惠普公司工作五年後,1983 年莊永順與兩位志同道合的同事共同創立研華(股)公司,三人分工合作,專長互補,採取與原公司惠普合作的策略,使公司能夠快速順利成長。莊永順自認資質中庸,但做事有毅力,一定堅持到底,想達成的事必定全力以赴。在上班之餘仍然不斷到各大學進修各種相關課程,以因應公司的快速發展。莊永順更於 1993 年再創立第二家公司:研揚科技(股)公司,且研華、研揚二家皆為上市公司。

做為一位成功的領導人，莊永順提到，在組織中扮演領導人角色時，要能夠設定願景、也要做組織願景的僕人，同時還要學習野雁飛行理論。他指出，要當帶頭野雁花費百分之百的力量造成氣流，讓後面的野雁只需要花費百分之七十的力量就可以達到同樣的速度，等領導的野雁累了會與其他野雁輪替，這樣不但可以讓組織更快達到目標，也更有機會培育新的領導人才。

一只小皮包種下回饋社會種子

莊永順 1979 年從台科大畢業時，師長集資送他一只名牌小皮包，用意是鼓勵他賺很多錢再回饋社會。這只皮包莊永順一直用到現在，也不忘師長的鼓勵。他說，在台科大修的課對後來事業幫助很大，這只小皮包更是鼓勵他努力賺錢開拓事業外也要回饋社會的重要動力。

在這個信念之下，莊永順興學濟貧，設立研揚文教基金會，推廣公益與文教活動。莊永順也和母校台科大推動「聚沙成塔助學計畫」，幫助母校經濟貧困學子度過難關；並積極推動「聚沙成塔──攜手 100 工讀計畫」，請企業界拋出暑期工讀機會，讓學生可以自食其力，用自己的勞力賺取學雜費並學習寶貴職場經驗。此外，莊永順也在 2009 年捐款二億元給台科大興建教學大樓──研揚大樓，讓台科大學弟妹有更多更好的學習環境。在捐

■ 台科大研揚大樓

贈儀式當天，莊永順忍不住說：「我有努力！且聽師長的話，把賺到的錢分贈給母校。」

以「空杯」心態持續學習

莊永順鼓勵同學們在出社會工作之前，要把握在學校遇到的挑戰，去面對、去學習，因為這些將是造就自己未來成就的基石。他舉自己當總幹事及部隊排長為例，當時的這些歷練讓他日後克服了內向及不善上台發言的缺點。莊永順認為歲月中經歷的人事

■ 與夫人黃慧美女士，捐贈台科大兩億元（右為前台科大校長陳希舜）

物，有些看來細碎而微不足道，只有在未來回顧時，你才會明白那些點點滴滴是如何串在一起的。因此他希望同學遇到機會挑戰都不要害怕，勇敢挑戰，凡努力過的必留下痕跡。

莊永順認為做偉大工作的唯一方法是愛你所做的事，不管是工作上或是尋找人生伴侶。他認為做什麼事都要全心全意投入，在校時就要想辦法彌補自己能力不足的地方。

莊永順說，隨時隨地要增加自己的知識，並對任何事情保有高度的求知慾望，且在任何時候都以「空杯」的心態學習，才能不

■ 回饋母校台科大，獲頒技職教育貢獻獎

斷充實自我，更重要的是找到能夠與自己能力互補的夥伴分工合作，如此才能群策群力面對未來的挑戰，讓企業永續經營。

莊永順　　電子工程系二技 68 年畢業
現職：研揚科技股份有限公司董事長
主要經歷：研揚文教基金會董事長．亞元科技股份有限公司董事長
　　　　　晶達光電董事長

以真誠
與人結緣

開南大學多媒體與行動商務學系教授 蔡堆

　　來自台中清水的蔡堆，一路考上台北工專、臺灣工業技術學院，邊工作邊拿到台大電機研究所的碩、博士，歷任電信總局副局長、民航局局長、交通部長。臉上永遠掛著和藹笑容，以真誠與人結緣，身段柔軟、處事圓融是外界給予的評價，加入慈濟後將重心放在關懷國內外弱勢民眾的蔡堆說，他做事全力以赴、堅守原則，更勉勵大家「人要知福、惜福、再造福」，他以自身經歷訴說著「以真誠與人結緣」的人生。

台科大是人生轉捩點

　　從台中清水中學初中部畢業的蔡堆，為了減輕家中負擔，選擇北上就讀可提早投入職場的台北工專。

　　五年後畢業，蔡堆透過特考進入電信總局，開啟公務員的生涯，一路兢兢業業，隨後結婚生子。累積近十年工作經驗後，蔡堆考上臺灣工業技術學院電子系，由於可帶薪進修，蔡堆很珍惜這個得來不易的機會。

■ 前交通部長蔡堆以真誠與人結緣，勉勵學弟妹知福惜福再造福

「我也希望給自己的孩子一個學習榜樣」，蔡堆回憶說，做父親要以身作則，在台科大就學的兩年他非常認真，每一學期都是兩個班級的第一名，這也建立了他的信心與人生態度，讓他深信：「不管做事或求學，只要全心全意去做，有系統化學習，一定會得到好的結果。」後來蔡堆繼續升學，到台大電機研究所念碩士、博士，但當時台大的指導教授對在職生有著「普遍不夠用功」的負面印象，對是否擔任他的指導教授有所質疑。不過，他的用心與努力改變了教授的看法，也順利完成博士班的學業，至此之後，指導他的台大教授收的在職生比例甚至超過一般生。

雖然台科大求學生涯成為他的人生轉捩點，但蔡堆也不諱言，當時的台科大硬體建設與教學設備仍嫌不足，因為教室不夠用，上課教室竟然是在地下室，且用木板隔成教室，「坐最後一排學生聽到的是隔壁班上課內容」；或者當時修電腦課、跑程式，因設備僅有兩套卻有近八十人排隊，經常得深夜排隊，卻刺激同學們更珍惜學習機會，這是現在學生無法體會的。

■ 時任交通部長的蔡堆至各地視察交通疏導情形

接受挑戰，跨接民航局長

取得台大博士學位後，蔡堆回到電信總局，因表現優異一路升到副局長，加上規劃能力佳，獲得當時交通部長蔡兆陽拔擢為民航局長。回想過往，蔡堆坦言當時一度猶豫，因為自己背景的專業是電信，民航則是另一個領域，但他不能辜負長官的賞識，毅然接下民航局長。一開始的確因為彼此背景不同而有些許不順，但他再度領略「人要廣結善緣」，只要願意學習、用心去做，加上待人以誠，問題即可迎刃而解。蔡堆的圓融處事，也使得民航局的老同事感情至今沒有褪色。

人生總是有太多的變化，1998 年發生大園空難，擔任民航局長的蔡堆負責下台，轉任交通部技監。在當時，技監被視為養老

■ 視察春節交通疏導情形，並發放紅包慰勞同仁辛苦

準備退休的職位，蔡堆卻不這麼想，這兩年也成為蔡堆累積能量再出發的關鍵。

擔任技監的這段期間，蔡堆依舊維持正常上下班時間，他大量閱讀管理領域的相關書籍，過去只有以電機、電信為主的硬知識，那兩年蔡堆補足了企管、財務與會計的學分，等於自己修完管理研究所的課程，提升自己的軟實力，也奠定擔任交通部長、揮灑長才的基礎。

解決高鐵與雪隧兩大難題

後來蔡堆接任交通部次長，2006 年更接下交通部長。當時正面臨高鐵及雪隧兩大難題，「那是個風雨飄搖的時代」，蔡堆說，高鐵面臨通車與否的問題，外界疑慮甚多，因為他的電機背景和專家類似，蔡堆發揮溝通與協調專長，終於讓高鐵通車；從目前營運狀況也顯示，當初的決策是正確的。

至於雪山隧道，當年則有漏水問題，外界懷疑是否能夠順利通車，蔡堆尊重專業意見，為趕上進度，在農曆春節期間也和工作

■ 至花蓮視察春節期間交通疏導情形，並到警廣花蓮台慰勞

人員同甘共苦，最終雪隧也順利通車。

少數政府官員因貪圖利益，對廠商勒索或被利誘而成為共犯，蔡堆認為，關鍵在於堅守自己專業原則，不管廠商直接或間接利誘或施壓，只要有自己的原則，碰過幾次釘子，廠商與外界就知道自己的行事風格，自然會知難而退。

知福、惜福、再造福

蔡堆慢跑已有二十幾年，不少人指跑步會傷膝蓋，熱愛慢跑的蔡堆卻有另一套看法。他說，「骨頭要經常刺激」，否則就像牙床，久了不用會萎縮。之前他經常感冒，但養成跑步習慣後就很少感冒，有時覺得快感冒了，「跑跑步、流流汗，睡一覺起來就好了」。所以他建議學弟妹要養成每天運動習慣，擁有健康身體，才是踏出成功的第一步。

近幾年皈依慈濟、對佛法有更多領略的蔡堆，最近關注焦點是

■ 接任交通部長後，用專業與協調全心投入解決高鐵與雪隧兩大難題

敘利亞難民流離失所的問題。他認為，能進入台科大的學弟妹，專業不是問題，比較缺乏的是人文素養，而面對網路資訊爆炸的時代，他認為學弟妹要慎選資訊，並「知福、惜福、再造福」，珍惜擁有的，以正向態度思考問題，並站在同理心思考事情，相信台科大的畢業生，能為社會做出正面且巨大的貢獻。他也希望台科大將師生的專利與研發成果，透過校友會或其他管道推薦到社會上，為全民所用，這對他來說是最欣慰的事。

蔡堆　　電子工程系二技 69 年畢業
現職：開南大學多媒體與行動商務學系教授
主要經歷：交通部台北電信總局副局長‧交通部民用航空局局長
　　　　　交通部常務次長‧交通部政務次長‧交通部部長

從高工補校生到
外商總經理

台灣愛普生總經理 **李隆安**

　　一般印象中，外商公司的總經理不是名校畢業生，就是喝過洋墨水的留學生，而台灣愛普生（Epson）總經理李隆安卻打破這個規律，從高工補校生半工半讀開始，靠著不斷自我充電、終身學習，一路晉升到愛普生最高的經營主管，堪稱日企台商管理階層的傳奇。

終身學習＋加倍付出

　　李隆安比較特別的是從高工補校考上台科大，在高工補校讀書過程中，讓他獲益最大的是「終身學習、加倍學習、加倍工作」。從十五歲高工一年級他就開始白天八個小時在公司上班，晚上花八個小時到學校上課。「別人每天可能只用八小時學習，我每天卻用十六小時學習。」李隆安說，大學時白天上課、晚上兼家教，有時甚至需幫忙農作，一點都沒有閒過。現在李隆安每天早上五、六點起床，準備一些內外部演講及採訪事宜，終身學習加上加倍付出變成自己的生活習慣。

■ 返母校台科大演講，分享自身經驗給學弟妹

李隆安念臺灣工業技術學院電子系時每天學習，也參加太極拳社活動，下課後還要回家幫忙農事，因學校要求很高所以學習得不是很快樂。1999 年再回台科大就讀 EMBA 則學到更多，尤其是寫論文，不只幫助他邏輯思考，更讓他學習把資料系統化、結構化地用文字描述出來。1999 年回台科大管理研究所（EMBA）就讀，2003 年 1 月畢業，這段時間累積的能量讓他同年 4 月就晉升總經理。

個性喜歡「包工程」

很多人不知道愛普生是日商公司，日商公司要與對方做生意或賦予他人重任時，交往過程和建立信賴度過程較為冗長，所以必須戰戰兢兢的做好每一件事。日本企業與台灣企業不同點，在於台灣企業當你創業失敗或做錯事時可以容許你有第二次機會，但在日系公司很難，當你有一次錯誤大概就沒機會，所以需要慢慢的建立績效，盡量不出錯，建立信賴關係，公司就會慢慢的、一步步的把權力放給你。這剛好和李隆安的工程師性格吻合，凡事審慎、做好準備，再加上比較「雞婆」，喜歡「包工程」的個性，

■ 前進偏遠山區小學參加公益活動

讓他秉著個人使命感，有些事覺得應該做卻沒人做的，就會自己跳下去做。

　　相對於許多人很怕老闆或怕「包工程」，李隆安卻覺得嘗試新東西、新工作可以獲得新經驗，且可用公司的資源成就自己的經驗。他處理每項工作都用正向觀念，事先規劃完整，再投入加倍的時間與功夫，除績效好也有危機意識，所以一路從愛普生工程師做到部門主管、副總再到總經理。

把藝術融入管理中

　　李隆安認為管理和藝術一樣很主觀。他說自己的行為模式、態度與想法本身就很主觀。1989 年，李隆安碰到一些管理上的挫折，旗下六名員工走了五名，讓他開始自我反省，發覺技術與管

■ 參加 Epson「影像好玩藝」公益活動

理是兩個極端，技術很科學，管理卻是藝術。因緣際會下，開啟了他藝術欣賞之路，也培養出對藝術的喜愛。

因為管理上遇到瓶頸而接觸藝術，李隆安刻意培養藝術能力，並轉化成對人才欣賞的能力，他認為這就是「一石三雕」，不僅在工作上可凸顯管理優勢，對自己管理也有幫助，還可當作是跟別人不同的管理風格。李隆安笑說：「如林百里收集張大千的畫，曹興誠也有收集藝術品，但是目前還沒有人把藝術融入管理中，我想我可能可以回學校開一門藝術管理課程。」

藝術科技手牽手

技職體系或專技人員要轉管理其實不太容易，李隆安說：「跳得過就吃到一百二十歲！」如果能轉型成功，就可以像施振榮、

林百里等一樣功成名就。

科學非黑即白，不是零就是一，只有對或錯，如設計電路，只有成功或失敗，沒有「可能」可以使用的。但管理不是如此，像行銷、人才管理，尤其人的管理更是在灰色地帶。如果他本身很盡責，你就把事情丟給他，時間一到，就等收成，但如果把事情交給能力及時間管理都不好的人，就要時刻注意、叮嚀。

■ 不斷自我充電並加倍努力付出，李隆安一路晉升，成為日企台商管理階層傳奇

「專到多」才有競爭力

台科大始終以工程技術體系為主，但近幾年設計方面IF、紅點、動畫等在國際上獲得許多大獎。李隆安建議學校應該讓工程與設計兩學院多交流互動。他認為，藝術是人類未來的夢想，但實現夢想需要靠科技，所以設計學院需要技術人員配合做出成品，而科技、工程人員需要藝術的薰陶，如此一來雙方都能均衡發展。

李隆安認為，現在的年輕人如果只學某一種專業，在就業市場競爭力會比較弱，至少要培養兩項能力，以往是「多到專」，現在是「專到多」。他說：「我們不只要當黑貓，更要當白貓，才

抓得到白色跟黑色的老鼠。」

送給青年學子三顆心

「用心生活、開心工作、關心社會」是李隆安送給年輕學子的
三顆心。用心生活，指的是如大前研一說的 OFF 學，要學會玩，
才會成功；開心工作，學生的工作就是讀書，要開心的念書、將
書念好，玩社團也要很出色，出社會後要找自己興趣相關的工作；
關心社會就是要貢獻、付出，不要認為環境保護跟自己無關，地
球資源有限，能盡點力就多盡點力。

李隆安發現，職場上大約只有 30% 是真正依自己的興趣選擇
工作，其餘的 70% 多是選擇高薪、離家近或親戚朋友介紹。他
認為，既然不是依自己的興趣選擇，那就「將自己所選變成開
心」，如果無法選擇或不知要選什麼，那就退而求其次，愛你所
選。從踏入職場後開始培養興趣，找到讓你開心的成就感，要成
功只有四個字「全心投入」，做什麼像什麼。如果做一段時間後
發現不是自己所要的，那就跳槽，回歸自己喜歡的領域。

李隆安　電子工程系四技 69 年畢業　管理研究所 EMBA 91 年畢業
現職：台灣愛普生科技股份有限公司總經理
主要經歷：愛普網股份有限公司董事長兼總經理
　　　　　捷修網股份有限公司董事長

人生美在
多人共榮

鈊象電子董事長 李柯柱

　　鈊象電子股份有限公司是國內唯一具有自製開發商用電子遊戲機、線上遊戲及行動裝置遊戲的領導廠商，擁有全方位的遊戲產品線，包含由喜劇天王豬哥亮代言的《明星 3 缺 I》、歌后蔡依林代言的《唯舞獨尊》、《封神 online》等經典遊戲都出自鈊象電子。

名副其實的台科大校友企業

　　鈊象電子是由台科大電子工程系畢業的李柯柱、江順成及陳阿見等同學共同創辦，是名副其實的「台科大校友企業」。幾位感情深厚的同窗靠著在台科大學習的理論和技術，一同讓鈊象電子從一家小遊戲公司躍升為亞洲最大商用遊戲機公司！

　　李柯柱一路上念書都很平順，國中畢業後不上台中二中選讀嘉義高工，在嘉義高工時因為成績優秀，越念越有成就感，一路拚上台科大。大四時面臨畢業即失業的思考，李柯柱說，那個年代畢了業都是急著賺錢補貼家用，所以和幾個要好的同班同學利用

■ 李柯柱與同窗好友共同創辦鈊象電子

電子系所學專長幫人家修電路板。就這樣，七位同學全台各地跑，深耕培養客戶源，從一路草創到最後越來越具公司規模，在台灣北中南都有維修點。

1985年李柯柱退伍兩年後，七位同學一人出資七萬元做公司資本，經過這次整頓，公司漸上軌道。

各色並存，多人共榮

談到創立鈊象電子，李柯柱笑說：「念書時從來沒認真想過創業這回事，我們都是『從打牌中學創業』，邊做邊學！」很多人問李柯柱剛開始創業時有想過會有今天這樣的規模嗎？他總是笑說：「沒這麼厲害。」李柯柱表示，外界常認為鈊象經營過程十分平順，但事實上在公司經營的過程中，經營團隊堅持了許多對的決定，才讓鈊象得以順利穩健的成長並向前邁進。

李柯柱在每年公司員工大會上都會提供一兩句話與公司同仁共同勉勵，「彩虹之美在於各色並存，人生之美在於多人共榮」，這是他很喜歡的一句話。這句話的意思即在順境中懂得感恩珍惜，於逆境中學會心存喜樂。李柯柱提到，在公司成立過程中，

面臨很多抉擇與高低起伏，例如 2000 年業績大跌 40%，公司面臨轉向問題，士氣大受打擊，但他鼓勵大家保持熱忱，加上過去一路上決策不至於有太多出錯之處，才能成功化危機為轉機。

給員工空間揮灑創意

鈊象電子如何在激烈競爭中創造出一片天空？李柯柱說，鈊象電子是個「彈性的辦公室」，有事情就提出來商量，大家以全體團隊為重思考。他認為自己最大的優點就是給別人和自己夠大的空間，沒有絕對的意見，如此可以跳脫自我限制，納入各方意見。不過要把握一個重要的原則，當事情還沒決定前，大家都可盡情表示意見，一旦方

■ 公司創辦人合照

■ 與康楊公司總經理陳英俊（左一）、台科大校長廖慶榮（右二）、教育部技職司專門委員蕭奕志（右一）參加台科大徵才博覽會

向決定後，大家就照同一方向全力以赴。另外，李柯柱認為有壓力一定要抒解，才不會因此影響判斷力：「像我現在還是會常在辦公室玩《明星3缺1》讓自己抒解一下壓力，順便了解一下會員在玩我們產品時的心態。」

鈊象電子非常重視研發，李柯柱表示，鈊象以代工修電路板起家，命運掌握在別人手中，因此之後堅持自行研發關鍵技術，積極開創自有品牌。此外，顧客的回饋也是鈊象相當看重的部分，李柯柱說鈊象的一貫主張就是：「市場勤一點、產品強一點、用

■ 鈊象電子三位創辦人李柯柱（左二）、江順成（左一）、陳阿見（右一）捐贈台科大
一千五百萬元

心多一點」，用心經營顧客關係，並維持自有品牌 IGS 產品的優
勢。

熱忱、專業、與人良好互動

　　李柯柱認為一位優秀的員工具備熱忱、專業知識和與人良好互
動這三要素非常重要。他提到當年從嘉義高工考上台科大，培養
相當程度自信，大一、大二時非常認真念書，直到大三才開始去
圖書館找課外書籍閱讀，涉獵包含《水滸傳》等散文小說，增加
自己本科以外的多元視角。在台科大時李柯柱還參加了「校外北
部大專生山地服務社團」，過程中學到很多經驗，除了原有技能
的訓練，李柯柱開始了解人際關係的重要。

　　大四那年李柯柱成為社團募款小組的一員，開始學怎麼辦演唱

■ 企業參訪（右為台科大創校校長陳履安）

會、園遊會，在學習社會經驗的過程中擴大了視野也大受影響，因此對這整個社會充滿正面印象。李柯柱說：「這對我的人生來說是一個很大的關鍵點，因為這樣我在原有電子專業技能外，也學會怎麼跟人互動，懂得如何判斷是非。」一直到現在，李柯柱還是常鼓勵年輕人，只有熱忱是不夠的，有機會就要多參與社團活動，在專業科目修習之外，學會處理人際關係，如此一來，才能具備和人競爭的基本要素。

李柯柱　　電子工程系四技 70 年畢業
現職：鈊象電子股份有限公司董事長

滿足人
「玩的需求」

鈊象電子總經理 江順成

　　《明星 3 缺 1》、《王牌大老二》、《封神 online》等知名線上遊戲，全都出自鈊象電子股份有限公司，還有更多人更早就接觸過鈊象的遊戲產品，在許多遊戲場的電子遊戲機，都不乏由鈊象電子研發及銷售的產品。鈊象電子是國內唯一具有自製開發商用電子遊戲機和線上遊戲的領導廠商，擁有全方位的遊戲產品線。

由代工轉型為研發

　　打造鈊象電子的是臺灣科技大學電子系畢業的校友，可說是名副其實的「台科大校友企業」，鈊象電子總經理江順成與同為台科大電子系畢業的李柯柱、陳阿見等同學一起創辦鈊象電子。江順成引領公司由代工成功轉型為研發，開啟了台灣自製、研發、設計商用遊戲機的產業，使鈊象成為亞洲最大的商用遊戲機廠商，雖然經歷過遊戲產業低潮，依舊站穩腳步創新茁壯！

　　技職體系出身，江順成就讀台科大之前，讀的是嘉義高工電子科。回憶起那段歲月，江順成笑說，自己高中時很愛玩，不愛念

■ 江順成愛動手實作，靠研發打造鈊象電子遊戲帝國

教科書，但很喜歡自己動手做。曾做過無線電發射器、音響等電子用品，還會實際去測量，發射器完成後，會騎著腳踏車到處去收收看自己做的發射器可發射多遠的距離。江順成說：「雖然我不愛念書，但是為了完成作品，會去找很多資料來看，邊做邊學。」透過實作，江順成讓自己吸收更多知識且不斷學習。

嘉義高工畢業之後，得知當時的臺灣工業技術學院要開始招收四年制的四技生，為能考上台科大，江順成上補習班努力念書，終於考上了台科大，成為第二屆四技制的學生。在台科大這段時間，和同學建立起的好情誼，成為日後創業的契機。

放棄外商，同窗創業

鈊象電子最初由兩位台科大電子系同學創立，後來陸續加入其他三位同學，形成五人團隊並建立最早的公司規模。在加入鈊象電子前，江順成曾在吉悌電信工作一年、在飛利浦電子做過四年工程師，之後放棄外商高待遇的薪水還有能到國外見習的工作，毅然決然加入台科大同學的團隊，一腳踏進遊戲圈。

■ 獲頒台科大貴賓證（左為台科大副校長李咸亨）

　　當時台灣 IT 產業大都是做消費性產品，遊戲這塊很少人做。江順成始終認為「人有玩的需求」，遊戲產業有很大的發展空間。再加上一起創業的夥伴有四位都是台科大畢業，且是在台科大一同念書、在外租屋、上學的同學，大家感情深厚，讓他決定放手一搏進入遊戲產業。

　　回想起當初一起創業的情形，江順成從外商的西裝筆挺，到小公司小公寓的內衣毛巾，捲起袖子來，開始慢慢學習，堅忍打拚。江順成說當時李柯柱負責業務拉單的部分，而他與陳阿見負責研

■ 引領公司由代工成功轉型為研發，開啟了台灣自製、研發、設計商用遊戲機的產業，使鈊象成為亞洲最大的商用遊戲機廠商

發，兩個人就在只有簡單設備的環境下，寫程式、設計電路，開始開發遊戲產品。

站穩亞洲遊戲機製造龍頭地位

「在經濟條件越差的情況下，會有想要竄起的意志力」，抱持著熱情和韌性，江順成試著做好每件事情。他說，剛開始產品也有三、四年是不賣的狀況，但堅持下去就能看到希望，因此不會退縮。年輕的時候體力好，可以加班，遇到大挫折也能洗個澡、睡個覺就繼續拚下去。江順成認為，有好的身體可以讓自己有好的體力及更正面的能量，因此，鼓勵年輕人要加強體能，才能有更強的意志力對抗更多的挑戰。

江順成說，一開始的時候，由於產品市場接受度不夠，銷售並

■ 與李柯柱董事長（左二）、陳阿見總經理（右）一同捐贈一千萬元予母校台科大（左為台科大校長廖慶榮）

不順利，為了突破困境，讓消費者買單，決定把產品各方面做到一百分才推出。江順成認為鈊象能在遊戲機產業中保有一定程度的競爭性，靠的就是研發和技術能力，這和鈊象創辦人都是由技職體系的台科大畢業有關。

他說，技職體系出身的人有實作能力，加上當時在台科大電子系裡有受過電路學的完整專業訓練，因此相較於其他不是科班出身的遊戲機公司，鈊象在遊戲機硬體上的穩定性和可靠度高，靠著技術的優勢，成本也能降低，憑藉硬體好、低成本的這些優勢，

讓鈊象站穩亞洲遊戲機製造的龍頭地位。

靈活、熱情加韌性

江順成認為想進入遊戲產業，要具備個性靈活、熱情充沛、打不倒的韌性這三項要素。他笑著說，功課不需要太好，因為做遊戲的人做事不能太過一板一眼，要能靈活變通才能適應變動的遊戲產業。此外，不管讀什麼科系，都需要不斷學習，不能局限在自己的專精領域，需透過不間斷學習才能有源源不斷的創意。

熱情則是通往成功的必備元素。江順成認為，有熱情才能繼續堅持下去，沒有熱情做什麼也都不會成功。因此勉勵學弟妹，心中一定要有熱情，也要能堅持、且紮紮實實。

江順成還表示，有「堅持到最後」的韌性才會成功！這種韌性不僅是心理上的堅持，還要有強健的身體。他勉勵學子平時要多運動，鍛鍊好強健的體魄，未來工作時不管遇到什麼困難才有精神應付。

江順成　　電子工程系四技 70 年畢業
現職：鈊象電子股份有限公司總經理
主要經歷：飛利浦電子公司工程師

同窗共造
電子遊戲帝國

鈊象電子總經理 陳阿見

　　遊戲是當前全球最熱門的主流產業之一，以商用遊戲機起家的鈊象電子十多年前擴張觸角，跨足線上遊戲市場經營打造出《明星3缺1》、《封神online》等知名線上遊戲，成為台灣唯一具有商用遊戲及線上遊戲的廠商。而打造鈊象電子的，是三位台科大電子工程系畢業校友李柯柱、江順成及陳阿見。身為鈊象電子掌舵者之一的陳阿見，憑著對遊戲的熱情以及大學同窗培養出的信任感、好情誼，三人合作無間，一起打造鈊象遊戲王國。

人生的兩位貴人

　　初中畢業時陳阿見考試落馬沒考上心中的第一志願，轉而參加經濟部與台灣國際造船公司（簡稱台船）開設的建教合作班學習。實習期間，陳阿見遇到他人生的第一位貴人：在台船實習的指導師傅。

　　陳阿見說，當時在海洋學院夜間部進修的指導師傅鼓勵他：「年輕人還是要多讀一點書！」於是陳阿見聽師傅的勸告努力讀書、

■ 鈊象電子商用遊戲事業部掌舵者陳阿見

準備升學考試。陳阿見笑說，那位指導師傅還幫他補習英文，最後他順利通過檢定考，考上北市高工補校電子科。

進入北市高工補校後，陳阿見遇到他的第二位貴人，是在北市高工補校的國文老師兼班導師鍾文勳。陳阿見說，當時職校升學風氣不盛，學校多半鼓勵同學畢業即就業，然而鍾老師卻鼓勵同學升學，再多讀點書。恰巧當時臺灣工業技術學院開辦四技，高工同學畢業後可直接升學，因此陳阿見決定報考台科大，也成為該屆補校唯一考上台科大的學生。

回憶起在台科大的求學生活，陳阿見說，由於學校新，加上當時的陳履安校長為學校爭取許多經費，所以有嶄新的校舍、資源豐富的圖書館、新穎的視聽館、四人八坪寬敞的宿舍及先進的儀器設備。陳阿見回憶起，當時參加校際活動時，他校同學無不投以羨慕的眼光，最讓陳阿見印象深刻的是賓士的學校校車，他笑說：「出去校際活動搭著這台賓士大校車很拉風！」

■ 試玩公司研發的遊戲機

四年同窗，攜手創業

當時的台科大師生加起來不過八百餘人，規模不大卻很有人情味。教師很年輕，與同學年齡相差不大，陳阿見說，像是計算機概論的黃東芳教授、謝冠群教授都會跟同學打成一片。而台科大帶給陳阿見最大的收穫，便是與幾位志同道合的好夥伴一同開創事業，那時相處四年的同窗情誼更建立起彼此深厚的信任感。

台科大畢業、1987年退伍後，陳阿見至聲寶冷氣公司擔任終端機韌體設計師，在此工作了四年。草創時期的鈺象電子還只是一家開設在永和小公寓的電器維修店，陳阿見那時常常在休假時間或下班後跑到永和跟老同學打麻將、聊天敘舊。

當時鈺象從維修電器到生產電路板，雖然生意不錯，但經營團

隊想轉型加入遊戲研發。因此，李柯柱便找來江順成和陳阿見加入公司，增強研發技術。在一次與老同學的敘舊閒聊中，陳阿見覺得當時台灣遊戲產業並不是很競爭又有發展願景，加上對四年相處的大學同學更有信任感，最後決定答應加入成為鈊象的一份子。

彼此信任，聚焦新領域

鈊象電子從在永和小公寓十人左右沒沒無名的小公司，到現在成為擁有八百多名員工、在五股蓋自己的辦公大樓，出產多款熱門遊戲、商用遊戲機。公司從草創時期的一群草莽到正規軍，經過一番體制改革及員工間彼此磨合，才漸漸上軌道。

雖然鈊象表現亮眼，然而過去也曾有不知公司未來方向要如何走的時候，那時三位同學由於所在位置不同，視野與人情包袱也不一樣，難免意見相左。陳阿見說，由於三個人有著大學時期深厚的情誼基礎，彼此互相了解、包容對方的個性，因此，大部分都能良性溝通。正因為鈊象三位掌舵者對彼此的了解信任與深厚情誼，鈊象才能在每場風雨中團結一致度過，更創造出大學同學共同創立並經營上市公司的商場傳奇。

從商用遊戲機起家，在商用市場已是世界級的鈊象電子，現在公司仍有約 65% 營收在商用遊戲機、35% 在線上遊戲。然而隨

著商用遊戲機市場萎縮，智慧手機成為未來趨勢，手機遊戲的新領域不容忽視。因此，不論商用或是線上遊戲部門的高階主管現在都需要親自跨足手機遊戲，亦轉調研發人才至手機遊戲領域，希望能在手機遊戲市場有好的突破。為此，鈊象在手機遊戲部分「更聚焦」，只先做專長遊戲，如競速類、動作過關類、博弈類等，並堅持到底，推出的遊戲一代接著一代、不隨意更換，將每一代遊戲越做越精緻。

熱情、溝通、行動、毅力

對想要投入遊戲產業的年輕人，陳阿見認為，遊戲產業所需人才橫跨多種領域，包括軟體、美術、遊戲企劃、音樂音效、電機電子等，因此，陳阿見表示想進遊戲產業的同學，首要條件就是要對遊戲有熱情，不僅要愛玩遊戲，也要喜歡分析遊戲，最好是有創造遊戲的慾望；其次是具有能夠團體合作的溝通整合能力與行動力；最後是要有堅持到底的毅力。

陳阿見說，一款好的遊戲都是經過精雕細琢而成，從畫面效果、操作流暢性、遊戲內容、好的付費點、玩家心理等都需要下功夫。他指出：「做遊戲時不能做了 60% 以上就覺得遊戲差不多完成，忽略那剩下最無聊的 20% 微調、小調整階段，這些小細節反而很重要。」也是因為如此的高標準要求，鈊象推出的遊

■ 憑著對遊戲的熱情以及大學同窗培養出的信任感，鈊象鐵三角合作無間，一起打造遊戲王國（左起江順成、陳阿見、李柯柱）

戲才能在幾百萬款的遊戲競爭中脫穎而出。

　　為了培育及招募下一代遊戲產業人才及回饋母校台科大的栽培，陳阿見提到未來鈊象有計畫要投入資金與台科大合作成立研發中心，與資工、設計等相關系所合作實務型案子，共同培育遊戲產業人才並加強台灣遊戲產業競爭力。

陳阿見　　電子工程系四技 70 年畢業
現職：鈊象電子股份有限公司總經理
主要經歷：鈊象電子股份有限公司副總經理‧聲寶冷氣公司韌體設計師

熟諳交棒藝術
的企業家

全科集團創辦人 吳堉文

全科科技創辦人吳堉文於 2008 年正式交棒，離開他十七年前一手創立的公司。外界可能會很好奇，全科從草創時期到完成掛牌上櫃，並順利於 2008 年 11 月上市，為何創辦人會選擇交棒？答案其實很簡單，不戀棧職位以及標準的美式管理風格，是吳堉文一貫的做法。他認為，唯有交給專業經理人，才是一家公司永續發展的命脈。然而他沒打算休息，繼續經營全科科技的三家子公司：全科綜電、嵩森科技及勤立生物科技，並以推展上市為具體目標，是他要挑戰的重責大任。

再窮也要念書

吳堉文是台科大電子工程系畢業校友，嚴峻的家庭教育以及少年父親早逝，對他有著深遠的影響。在台科大時期，吳堉文除了受到課業薰陶，昔日同窗也成為未來在事業上的好夥伴，他勉勵同學在校期間除了專注課業也要多交知心好友。

時序拉回台灣剛光復，經濟建設、百廢待舉的年代，當時年僅

■ 全科科技創辦人吳堉文

十歲的吳堉文想賺點零用錢，就拎著竹籃賣起柑仔餅。才剛開始叫賣，就已經被父親發現，遭了一頓毒打。父親嚴厲地教訓他「再窮也要念書」，這記當頭棒喝簡直打到心裡去，於是他知道，儘管家中經濟不好，唯有念書才能出頭天。

吳堉文的父親吳猛先生，是花蓮縣水利會的基層公務員，家中有八個兄弟姊妹由父親每個月微薄的兩千元薪水支撐，母親則恪遵婦道悉心照料孩子們的飲食起居，生活過得相當清苦。「我的父親寫得一手好字，經常伏案寫書法，常常有鄰居或父親的同事來討字畫」，憶起父親的滿頭白髮，瘦骨嶙峋，一介書生風範，吳堉文的眼中顯得濕潤，他的少年白遺傳自父親，白髮銀絲成了一輩子的記憶。

「母親帶著我去借註冊費」

為了能順利張羅到每學期相當於好幾個月薪俸的八名子女註冊費，父親除了平時加班，更不惜與母親耗盡人情借貸周轉，情願自己面對挫折，也不願讓孩子失去持續進修、追求成長的機會，

也因此吳坤文的八位兄弟姊妹日後個個學業有成，「因為我是家中最小的孩子，母親到哪兒都牽著我去，現在回憶起來，才知道母親是帶著我去借註冊費。」吳坤文回憶說。

父親一生清苦，晚年罹患肺結核，「咳不停」是吳坤文對父親最深刻的印象。對經濟支柱者的病重，母親只能用一串白土司配上牛油，作為父親的營養補充品，「孩提時代總會趁機偷拿掛在牆上的白土司來抹牛油吃」，聊到這一幕，吳坤文笑得靦腆：「那時候真不知道是給父親補身體的，以前真的很不懂事，當年我的便當永遠都是高麗菜蛋，總是很希望能吃點不一樣的。」

父親過世，遷居台北

吳坤文國中二年級那年，父親終於敵不過病魔的侵蝕，撒手人寰。雖然失去了經濟支柱，但兄姊有些已步入社會，這個家不至於垮了。國中畢業後，由於有兄姊在北部上班，所以舉家搬離花蓮來到台北。在台北參加高中聯考，雖然順利考上市立高中，他決定轉念台北市立高工，「技職體系比較容易就業，可以幫助經濟吧！」

高工畢業後沒考上臺灣工業技術學院，於是到電子公司當技術員。這家電子公司雖然已經關廠，但最後出了三位上市公司創辦人，除了他，當時做業務的莊永順（台科大電子系校友）後來創

■ 嚴峻的家庭教育以及父親早逝，對吳堉文有著深遠的影響

建研揚科技與研華科技，當時的技術主管也創辦了上市公司普利爾。

在電子公司工作一年後，第二年順利考上台科大。鄉下來的孩子初入大學殿堂非常恐懼，社團、舞會和救國團的聯誼活動，都讓他大開眼界。課業的薰陶，讓他的專業技術與人際關係都有長足的進步，這段期間的學習及人脈關係，也為未來創業立下基礎。

吳堉文說，同學經常在一起討論課業、一起玩，培養出革命感情。當年班上的同學後來創業的人很多，例如鈜象電子的李柯柱、陳阿見、江順成，全科科技總經理吳玉屯等。

踏向創業之路的第一步

臺灣工業技術學院畢業後，吳堉文先在中山科學研究院擔任研發助理，待了六年之後，開始想離開單純研發的環境，於是應聘

■ 於 2008 年正式交棒，並繼續經營三家子公司——全科綜電、嵩森科技及勤立生物科技

到跨國企業吉悌電信，算是一腳踏入未來電信通訊的創業之路。

在吉悌電信時有機會外派到美國一年，讓自己的英文簡報與英文對話能力大幅進步。回到台灣之後，吳堉文某次為了一個零件規格，與美國總公司聯繫，當時電子郵件尚不普及，越洋電話又太貴，和美國連絡唯有用傳真，又受限於時差，要等到隔天才知道消息，最後美國總公司還是回覆該零件台灣沒有代理商。

吳堉文心想，如果是獨門生意，又可解決越洋訂購的問題，或許有創業的機會，因而萌生創業的想法。當創業的念頭發想後，公教背景的兄姊大都反對，認為何必放棄原本還不錯的工作去冒創業的風險，最後在太座的力挺下，吳堉文無後顧之憂地決定放手一搏。

經營哲學無他，以身作則而已

創業維艱，全科在 2008 年正式掛牌上市，吳堉文也展開接棒

■ 全科在 2008 年正式掛牌上市，吳堉文也展開接棒哲學

哲學，將棒子移交給台科大同窗好友吳玉屯。他認為只有培養專業經理人經營，企業才能永續發展，加上透明的財務與分紅制度，更穩住了員工的向心力。吳堉文表示，經營哲學無他，以身作則而已。

　　吳堉文勉勵同學們要在學校多交知心的朋友，因為，這些朋友可以成為你未來人生一起奮鬥的最佳夥伴。此外，人生的路很長，絕對不要被一時的挫折打敗，勉勵學弟妹勇敢面對挫折，一定能成功。

吳堉文　　電子工程系四技 70 年畢業
現職：全科綜電董事長、嵩森科技董事長、勤立生物科技董事長
主要經歷：全科科技股份有限公司創辦人兼總經理

產學合作的
實踐家

清華大學講座教授 **林永隆**

　　出生於雲林縣的林永隆是農家子弟，受到父母親及長輩的薰陶，他的人生觀是「踏實耕耘」，正因為如此盡責，締造出他不凡的成就。

　　畢業後考取教育部公費留學獎學金至美國伊利諾大學香檳分校深造。返台在清華大學任教二十餘載，培育逾百名 IC 設計人才，同時也參與創辦 IC 設計公司。

台科大打基礎，伊利諾開眼界

　　林永隆明新工專畢業後原本在台灣水泥公司竹東水泥廠擔任儀器工程師，1980 年考上臺灣工業技術學院電子工程系二技部。當時工業技術學院無論設備、師資都非常好，林永隆猶如劉姥姥進大觀園，也因為同學們都在外頭上過班，更加珍惜重回校園的機會，大家學習起來格外起勁。

　　林永隆說，住校時，學校為了讓學生認識更多人，於是讓不同系的學生住在同一間寢室，電子系的林永隆當時的室友就包含機

■ 林永隆努力考取公費留美，返台培育人才

械、工管及電子系。

1982 年台科大畢業後，林永隆任職台灣電力公司原子動力處電腦工程師，同年底考取教育部公費留學獎學金，1983 到 1987 年至美國伊利諾大學香檳分校留學，攻讀計算機科學博士學位。到國外念書之後，林永隆接觸到尖端研究與尊重公私界線、鼓勵創意創業、為成功喝采但不嘲諷失敗等社會價值體系，讓眼界更加不同。

博士班畢業後，國內的半導體產業正在萌芽，林永隆返台貢獻所學，1987 年台積電等多家相關公司在新竹成立，由於清華大學正好位於新竹科學園區旁，因此他選擇進入清大服務。

教授就像 CEO

「教書很有成就感，社會各界很尊重教授，學術研究有百分之百的自由，各方面資源也得到充分支持，所以一直不曾想過遠離教育界。」林永隆在大學部教授數位邏輯設計，在研究所則開設IC 設計技術相關課程。

回憶自己在清華大學待了二十二年，林永隆認為清華校園環境

優美，更重要的是學術風氣盛行，他樂在其中。他有個妙喻：「一名好教授就像是一位小公司的 CEO，因為教授要訂定方向（研究題目）、吸引好人才（研究生）、要找金主（國科會計畫），還要管理日常營運（盯研究生），還要推銷成果（發表論文、寫書、國內外到處演講）。」教授必須把學術當事業好好經營，因為實驗室的研究成果小則有助產業發展，大則廣為全球同行普遍引用，為校為國帶來莫大光榮，參與研究的研究生則因而獲得紮實的訓練，做為日後出類拔萃的本錢，將讓老師備感榮耀。

林永隆鑽研積體電路設計自動化技術，有傑出學術表現，時常受邀參加國際頂尖會議，為我國學術界設計自動化領域國際化的第一人。

跨出學界走向創業

1998 年 SOC 系統晶片技術剛萌芽，當時的林永隆在學術領域已屆滿十年，幾位產業界的朋友，前瞻地發現未來市場需求，共同規劃創辦一家 SOC 設計公司。林永隆透過教育部「政府機關及公民營機構科技人才相互支援實施方案」借調至創意電子股份有限公司擔任技術長，2003 年才返回清大校園。創意電子目前已是全國前十大的 IC 設計公司，林永隆的產學合作成就備受肯定，於 2007 年獲經濟部頒贈第一屆「大學產業經濟貢獻獎」。

■ 與學生爬飛鳳山

　創業雖然是辛苦的、有一定的難度存在，但林永隆認為，只要看對市場，用心留住人才，再用對的技術、決策，即使困難，但只要大家用紮實的理論與實作當基礎，再透過團隊合作與集思廣益，距離創業成功就不遠了。

　林永隆認為，理論與實作應該是互助互補，兩者不應偏廢，只有層次高低不同的理論與實作兼備，而沒有純理論與純實作的分野。他認為，理論到達某一階段時，實作能力亦要到達該階段，所以建議工程領域的學生應該要能實作。

從人文藝術領會人生

　林永隆不僅在科技領域表現傑出，平時也熱愛寫作，除了經常投稿報章雜誌，也大量涉獵人文藝術書籍，人文薰陶十分深厚。

　林永隆特別對學弟妹強調：「不要只學有利就業的技能，人文藝術對人生很有幫助。」在台科大的年輕歲月中，林永隆受到通識科的張佛千老師、羅龍治老師很大的啟發。國文老師張佛

千教導學生要多觀摩別人的文章，要學會精準且優雅地表達。羅龍治老師的通史引領大家從史觀看人生，「看事情不要看表面」

■ 在清大任教二十年餘載，深受學生愛戴

，報紙寫的東西許多都是假的，不是寫下來的東西都是可信，要學會看透什麼是真什麼是假、什麼是實什麼是虛，包括林永隆也認為自己講的東西並不全然都對。

林永隆相當懷念台科大的啟蒙教師，電子系孫霞繡、蔡新明、黃永達、黃東芳、黃竹明、許桂敏、郭銀瀧、陳凰美等恩師，為他奠定日後的學科基礎。猶記曾到老師家包水餃、話家常，這種家的感覺對一個住宿學生來說是溫暖的回憶。也因為校園小，老師比較年輕，最感念的是與老師沒距離、沒隔閡的情誼。

Be all you can be

林永隆有著豐富的人生智慧，且不吝於分享他的人生哲學，他

■ 學生自製送給老師的卡片

經常提筆撰文投書各大媒體，闡述對各種事物的看法。林永隆給年輕後進的最佳期許就是「Be all you can be.」（盡情發揮！）他期勉年輕學子，千萬不要浪費父母給的天賦與資質，要學會善用時間，並且學會精準且優雅地表達自己的意思。此外，他也鼓勵同學多參加服務性社團、深入人群，學習組織能力。而在講求國際化的世代，學好英文可以欣賞英語世界的文化結晶，也唯有在學期間不斷學習，眼界才會寬廣，畢業後才能與有準備的人共同合作一起成長！

林永隆　電子工程系二技 71 年畢業　現職：國立清華大學講座教授
主要經歷：國立清華大學副教授、教授、系主任、研發長
　　　　　創意電子股份有限公司共同創辦人

自我學習
最重要

臺灣師範大學校長 張國恩

臺灣師範大學張國恩校長，國立臺灣大學電機工程研究所博士，1987年到台師大服務，擔任過台師大電算中心主任、圖書館館長以及副校長，在研究領域的傑出表現曾獲國科會傑出獎、國科會學者研究計畫主持人等，並擔任數位典藏與數位學習國家型計畫召集人，對國家型計畫貢獻良多。

開啟學術之路的起點

張國恩這個名字和台師大緊緊相扣，而在他年輕歲月的70年代，就讀於台科大電子系的這兩年時間，是他首度嘗試住宿生活，也是他展現自我學習、開啟學術之路的起點。

「雖然在台科大只有短短兩年，但這是我第一次體驗住宿舍和團體生活。」從基隆到台北念書的張國恩，懷念起在台科大就讀的日子。他說，在台科大兩年的時間，「把書讀好」是他最主要的目標，大部分的時間都認真學習、用功念書，靠自己的努力在課業上打下基礎，展開讀書生涯的花火。

■ 張國恩校長在台科大學習踏實，在台師大學會浪漫

張國恩回想，念台科大的時候，台科大已經用大學教育的角度來訓練學生的能力，印象尤其深刻的是念了很多原文書，這是台科大已經和其他技職學校不一樣的地方。有了台科大的學術訓練，張國恩畢業後考上台大繼續深造，半工半讀地完成博士學位，其間曾經到新埔工專（現為聖約翰科技大學）及台師大擔任講師，取得正式教職後正式服務於台師大。

「旁門左道」自我學習

從台科大順利考上台大，畢業前就謀得教職。求學及求職階段都非常順遂，張國恩笑著解釋：「當時那個年代很特殊，認為拿到博士學位就該當老師。畢業時台積電剛成立，但也從沒想過要往業界發展，加上當老師其實很自由，畢業後能夠當老師也不容易，所以就這樣當上教授在學術界發展。」

張國恩分享成功的求學求職經驗，一直強調「自我學習」觀念的重要性。他說，人生中只要能碰到兩三位很會上課的老師，從這些老師的課程中，學習他們的研究方法，對學習就有無限的益

處；即使碰不到很會上課的老
師，更是自己學習、自己讀
書、自己做研究的好機會，反
而是更重要的訓練；「自我學
習」讓自己能夠獨立解決問
題、克服困難，不會動不動就
想找人幫忙解決而依賴他人，
這樣自我學習的訓練，是影響
張國恩發展的重要因素。

■ 台科大第三十六屆校慶典禮，獲頒傑出校友（左為台科大創校校長陳履安）

「我是走旁門左道，所以反而會更清晰！」張國恩開玩笑的說。大部分的人都是從高中一直到大學，他選擇了與一般高中升大學道路不一樣的技職學校，讓他加入主流社會競爭時，對自己所學、所要，反而想得更清晰。

先付出就獲得更多

因為選擇不同的路，所以總覺得「我不是名校畢業的，不會高高在上的」，張國恩謙虛的說。總是感覺自己能力不是最好的，就更懂得找人協助一起解決問題。因此，張國恩很擅長與人合作解決問題；有了合作多次的訓練和經驗，在學術研究上助益很大。

「先主動付出，就能獲得更多」，欣賞別人的強項與優點，並

■ 於台科大求學時期

善用他們的能力創造高峰，是張國恩的成功哲學。

張國恩表示，做研究也是這樣的，「我會跟人家合作，而不是什麼都自己來，動動腦懂得合作，不要覺得自己能力最強，會用別人才能讓你更強。在學術上面有一定地位之後，當機會變多時，再把機會分給別人。因為這樣，所以有更多的人會幫我，先付出就獲得更多。」

會用別人才能讓你更強

懂得找到對的人，動動腦筋商討合作的方式，創造了更好的學術地位之後，機會與支援會越來越多，再分享給他人。「不管你到哪個層次，總有人比你更傑出，所以你一定要懂得欣賞他。」承認自己不是最強的，學習欣賞他人的優點，張國恩相信良性循環下，對方也會欣賞你，競爭即能轉化成合作契機。

張國恩勉勵即將投入職場的新鮮人，學校教你的是基本知識，畢業後要面對的未來才是真正的挑戰，只有活到老學到老才能克

■ 與外籍生同樂

服挑戰。張國恩指出，待人處世是出社會之後的重要課題，不管任何時刻一定要更加嚴格的要求自己，並修練待人處世的方式，有專業又有好的人際關係，前途會非常看好的。

無時無刻充實自己

「進入職場仍是要秉持終身學習的態度」，終身學習、活到老學到老的觀念是最重要的。張國恩分享他的經驗，在選擇工作上，要選擇可學習的地方，工作一段時間之後，就能慢慢摸索出自己的興趣，擁有一份自己能夠認同的工作，才是最重要的。張國恩認為，二十一世紀的人類發展中，「自我學習」將會是重要課題，勉勵同學要無時無刻的充實自己。

張國恩說，雖然當年在台科大求學兩年的時間不算太長，卻仍有深厚的感情，他認為台科大秉持著過去技職教育繼承來的踏實文化，與台師大的溫良恭儉讓文化可互相結合。張國恩笑著說，

■ 台師大獲得大專盃籃球賽冠軍，與校隊球員共享榮耀

台科大的文化和台師大真的不一樣，台科大的文化就是踏踏實實的，因為理工科系多，講求絕對的答案；台師大則很浪漫。張國恩表示，頂尖大學台科大和台師大的互補性是最高的，現在更與台大一起合組三校聯盟「臺灣大學聯盟」，部分資源共享，期待能在既有特色下，讓三校師生能有更多相互學習的機會。

張國恩　　電子工程系二技 73 年畢業　現職：國立臺灣師範大學校長
主要經歷：國立臺灣師範大學副校長．國立臺灣師範大學圖書館館長
　　　　　國立臺灣師範大學資訊教育學系主任
　　　　　國立臺灣師範大學電算中心主任．私立新埔工專電子工程系講師

好事業，
好家庭

富爾特科技公司董事長 **賴如鎧**

　　半導體起家的富爾特科技公司，經過增資與內部改組，重新定位為軟體通路公司，販售數位內容及圖庫。富爾特科技公司創辦人賴如鎧，從一個鄉下孩子到上市公司老闆，在台科大師長勉勵他善用自己優點的一席話後，讓他用功讀書。創業以來，靠著不斷學習充實自我及感念家人的付出而奮鬥，帶領富爾特成為亞洲最大圖庫公司。

最不像「技術」學院的學生

　　「我從未想過我能夠讀大學」，生長在窮苦年代、讀書風氣不盛的鄉下，周遭的人能夠讀到高中已經寥寥可數，念大學更是沉重且奢侈的負擔，賴如鎧回想高中以前的生活，說：「只要是放假的日子，幾乎都是在田裡工作。」

　　在台科大四年的日子，賴如鎧每天念書到凌晨才就寢，寒暑假也留在宿舍念書，在學校「當」人很兇的情況下竟然還拿了獎，賴如鎧笑著說，這逼得愛面子的他每學期都要得獎，因此共得過

五次學業成績優良獎狀。賴如鎧也說自己是最不像「技術」學院的學生，因為他的學科成績遙遙領先術科，對技術類的事情沒太大興趣，念電子系的他

■ 台科大師長一席話，改變了賴如鎧的人生方向，選擇創業

竟然只在電子計算中心待過十分鐘。

　　雖然努力用功，賴如鎧也沒忘記其他生活面向的學習，當班代表的時候學習了領導統御，當系學會總務時建立了財務的概念，並擔任過學生活動中心的電影主席，策劃學苑影展，廣結人緣。在學時期培養的這些課外能力，對日後出社會都有良好的影響。

一席話改變發展方向

　　在一次談話中，國文老師鍾克昌教授勉勵他：「你有很強的記憶和表達能力，應該善用這個優點。」這一席話奠定了賴如鎧日後的發展，於是畢業後捨棄了人人稱羨的公務員，投入產業市場並依興趣選擇冷門的業務工作。「這是我這一生中做過最好的決定之一。」賴如鎧沉思道：「我有興趣就能樂在其中，不需要痛苦地做那些我沒有興趣的事情！」

　　談起創業，賴如鎧回憶創業之初每天工作超過十五個小時，銀

行不肯借貸轉找朋友幫忙，
每天只能吃清湯麵，上下班
轉兩班公車，一個星期七天
都在公司打拚，後來小有成
績便把人情債還清。

　　在許多正確的決策下，富
爾特從原來主做半導體轉換
成數位內容及圖庫公司，並
且是亞洲最大的圖庫公司。
賴如鎧說，當初經營半導體
時，有感於倉儲壓力，便開
始思考這個問題。在希望富

■ 以半導體起家的富爾特科技轉型成亞洲最大圖庫公司

爾特的體質健康，拒絕玩金錢遊戲和股票的前提下，踏實地經營
累積成功的底子，轉型過程中秉持只做自己擅長並專業的範圍，
有錢大家賺的原則，富爾特在不景氣的市場中仍屹立不搖、向上
成長。

有競爭市場更好操作

　　賴如鎧霸氣的說，他從來不擔心競爭者，有競爭就能省下大量
行銷資源，市場反而更好操作，這就是賴如鎧特殊的經營哲學。

面對未來不斷演變的產業波動，賴如鎧說富爾特會強化業務拓展效率與競爭力，深化顧客經營，並做好組織調整及人才的佈局，以務實的精神審慎因應，以穩健的心態面對充滿不確定性的產業環境。富爾特的願景是成為大中華區最成功的數位行銷服務公司，逐步國際化，建立起「數位科技、行銷全球」願景。

感念：奮鬥的原動力

提到家人，賴如鎧語氣充滿感性的氛圍。生長於彰化縣淳樸、務農為主的大村鄉，雖然從小沒有零用錢，也需要不停的工作，家庭氣氛卻是快樂又溫暖。務農的父母親在困苦的環境下，仍然支持小孩念書。大四時父親因病去世，兄弟姊妹扛起賴如鎧所需學費和生活費的責任，讓他順利完成學業。感念家人無怨無悔的付出和辛苦，「不讓他們失望」，是支持賴如鎧不斷努力、奮鬥不懈的主因。

過去只要碰到壓力或挫折，為了不讓家人擔憂，賴如鎧都獨立處理，也養成今日解決問題的能力及抗壓性。他謙虛的說，今天在事業上雖有點小成績，但母親的健康與兄弟姊妹的頻繁熱絡互動，並且將上一代的好感情傳承給下一代的小孩，孩子都善良、乖巧懂事，是他最大的驕傲。相較於事業，能陪著家人才是賴如鎧最大的成就。

■ 獲頒台科大第三十六屆傑出校友（左為台科大創校校長陳履安）

賴如鎧笑稱自己的特色就是說了一口台灣國語，但他將一般人
視為重大缺點的特質變成優點。台灣國語讓他變得有親和力，無
形中拉近與他人的距離，加上務實的個性，不但贏得許多友誼，
也得到別人的信賴。

做人樂於分享，做事樂在其中

賴如鎧建議人要謙虛，職務越高就得學習謙虛，不要急功近
利，言行也不要虛華不實。做人處世上也要樂於分享，賴如鎧認
為，平時和人就該互相協助培養情誼，不要藏私並分享工作經
驗，有機會教導別人的時候也不要留一手，要以誠相待，這些都
是做人基本的原則，也是成功不二法門。尤其絕不能犧牲「誠信」
以換取個人成長或任何利益。

■ 做事要能「樂在其中」，與工作同步成長，才能造就願景

做事方面，賴如鎧指出，「不斷學習」是不能停的法則，除了提升自己專業素養，也要培養多重的工作能力，平常要多閱讀、學習和觀摩，並且持之以恆。賴如鎧說「成功沒有捷徑」，每一件事要耐心且用心地從頭到尾執行一遍，找出自己的缺失，將正確的做法落實到日常生活當中，直到變成一個習慣，你才真正擁有它！做事也要能「樂在其中」，以自己的工作為榮，也要以自己的公司為榮，唯有自己與工作同步成長，才能造就願景。

最後，賴如鎧勉勵年輕學子：「在學校，不斷學習，累積資源，打造成『人材』；進入社會，持續雕琢，善用資源，提升為『人才』。」

賴如鎧　　電子工程系四技 75 年畢業
現職：富爾特科技股份有限公司董事長
主要經歷：Spire Tech. Limited 董事長．大聯大投資控股股份有限公司董事
　　　　　力達數位科技股份有限公司董事
　　　　　富爾特數位影像科技股份有限公司董事

台灣
影像產業舵手

群光電子總經理 黃維正

　　群光電子視訊影像產品事業部總經理黃維正，是臺灣科技大學電機工程研究所的傑出校友。在群光電子工作十三年期間，黃維正創造超過一千億營業額，使群光從鍵盤製造廠轉型跨入光電消費性產業，並在視訊創新技術上領先同業，成為台灣影像產業的舵手。

　　在技術日新月異、產品週期短的電子科技業中打滾二十五年，黃維正帶領團隊進行多項數位影像產品創新，例如開發全國第一台商品化數位相機、率先結合視訊與無線網通開發產品，讓公司在全球的影像業界佔有一席之地。黃維正認為在產品汰換速度快的電子產業，能永續經營的關鍵就是不斷的創新！

兩年學習，一生受用

　　與一般技職畢業生的求學歷程不同，黃維正先在一般大學體系念書再進入技職體系，他 1985 年畢業於清華大學電機系，1989年進入台科大電機所就讀。大學畢業後先到工研院機械所工作

■ 黃維正不斷創新挑戰，成為台灣影像產業舵手

的他，有感於過去所學不足，決心考研究所。黃維正說：「在台科大的兩年，是我最認真讀書學習的時候，這兩年台科大的求學生活對我的改變，大過新竹的母校！」

為了念書而申請留職停薪，經濟重擔暫時落在妻子身上，台科大兩年的研究所生涯，黃維正非常用功，一分鐘、一堂課都不敢浪費，每天都泡在台科大圖書館內苦讀。研二那年，黃維正因緣際會下修習了「數位傳輸」及台科大電子系邱炳樟教授的「影像處理課程」，邱教授的這門課程建立他 2D 及 3D 的數位信號知識，讓他一生受用不盡，更間接影響台灣影像處理產業的發展。

體制內創業

台灣以電子科技業起家，在這行業工作二十五年，黃維正經歷過台灣電子業最輝煌的年代，也看到了電子業的艱辛與滄桑。黃維正說，電子科技業的宿命就是淘汰快，所有技術早晚生鏽，或是技術到頂之後就無研發，因此經營者必須站在浪頭上不斷創新！

■ 獲頒 103 年台科大傑出校友（左為台科大校長廖慶榮）

「我雖然沒自己開公司，但我在公司體制內創業！」黃維正說。台科大畢業後，黃維正在工研院擔任電通所 HDTV 數位傳輸計畫主持人，接著在竹科鴻友科技公司工作，期間他領導團隊開發出台灣第一台商品化數位相機，更獲得國家產品形象金質獎肯定。這項創新不僅幫助鴻友科技從製作掃描器起家的公司轉型發展數位相機，之後數年間也引發台灣廠商相繼投入數位相機的研發及銷售。

一對一談判出來的一千億

有感於數位相機產業競爭激烈及靜態影像發展有限，黃維正利用跨界技術的整合，不但將視訊及無線網通結合，更讓群光電子將目光轉向動態影像。黃維正認為，動態視訊的發展多元，從家

■ 1997年開發台灣第一台數位相機，獲得國家產品形象金質獎團隊照（黃維正為中間拿獎牌者）

庭監控到智能監控有相當多的變化，視訊影像是一可做長久的產業。十三年前黃維正到群光電子帶領公司團隊進行視訊影像產品的研發、生產及銷售。群光結合學理與實務，注重創新和前瞻研發，產品深受國內外客戶及市場的肯定與消費者的喜愛。

在黃維正領導下，視訊影像產品的創新非常成功，群光從最早的鍵盤製造，擴大發展四項主軸商品：電腦鍵盤、筆記型電腦相機模組、數位攝影機、網路攝影機。光電視訊類產品已成為群光電子重要的營業額項目類別，黃維正在群光電子更創造共超過一千億營業額。他說：「我的一千億營業額不是代工出來的，是擁有產品技術和創新，一對一跟客戶談判出來的！」

成功三條件與面試三要素

能從工程師成為專業的經理人，並成為台灣影像產業的重要舵

■ 與台科大江行全副校長（右）合影

手，黃維正分享他的成功哲學。他說，不論做什麼事情都把自己
當老闆，只有把自己當老闆不把自己當員工時，看事情才會更全
面、不假思索勇往直前去解決問題。另外，一定要做一些不一樣
的事情，才能達成差異化；擁有好勝心，才能創新且不斷挑戰。
再者，擁有好的邏輯是讓自己工作有效率的最佳法則。最後，培
養自己的美學素養，在工作上擁有完美主義、凡事盡善盡美。

　「成功的三項條件就是：實力、努力加上帝！」黃維正說，人
生每六年是一個重要的轉折點，在二十四歲到四十二歲之間要努

力做到自己想待的位子。因此鼓勵學弟妹要投資自己、經營自己的能力，未來在職場上才更有籌碼。

耐操、聰明、活躍

黃維正迄今已面試超過五千人，從研發、採購到業務都有，他指出面試需要有的特質是：耐操（work hard）、聰明（work smart）、活躍（work active）。在面試時，表達能力不能太差、也不要太內向過於保守，若有好的語言能力及溝通能力強，再加上對的工作態度、願意投入的熱情，都能讓面試更有勝算，在職場更為順利。

黃維正鼓勵台科大學弟妹在學時除了培養本科專業能力，更要培養課堂外的能力，如語文、人際溝通、國際觀等，如此出社會後才能有創新思維。

黃維正　　電機工程系碩士 80 年畢業
現職：群光電子股份有限公司總經理
主要經歷：工研院電通所計畫主持人‧鴻友科技股份有限公司研發協理
　　　　　美商羅技電子股份有限公司遠東區事業部經理

電玩頑童
打造遊戲王國

宇峻奧汀創辦人 施文進

　　宇峻奧汀是國內一家以自製研發為主的老牌遊戲廠商，專精於線上與單機電腦遊戲研發、發行與營運。在遊戲產業寫下許多奇蹟，像是一上櫃，股價沒多久就破百元，產品更連續四年蟬聯台灣最佳遊戲大獎。宇峻奧汀創辦人施文進，從臺灣科技大學電子系畢業後，由電玩頑童打造遊戲王國，儘管近年遊戲產業不景氣，依舊站穩腳步，闖出一片天。

進入夢寐以求的台科大

　　技職體系出身，施文進的求學歷程，就讀的是松山工農電工系、亞東工專電機系及臺灣科技大學電子系。施文進專科畢業後本來已進入職場，在一家公司擔任生產部小主管，家裡環境並不太好的他覺得念書是一件很奢侈的事，沒有繼續升學的打算。

　　只因為喜歡打電動，為了學習寫程式、投入遊戲產業，退伍後施文進考上臺灣科技大學電子系計算機組，進入了夢寐以求的技職學府最高殿堂臺灣科技大學，從比較偏向電腦硬體的學習和工

■ 電玩頑童施文進因喜歡打電動，學寫程式、投入遊戲產業，闖出一片天

作，轉進寫程式的領域。

創業的辛苦點滴，讓施文進回想起在台科大曾經做過的一個專題。大學時期，要修專題才能畢業，老師李漢銘給了施文進一個「類神經網路」的題目。對老師給的題目，施文進說，這真的是非常困難又艱鉅的任務，剛開始研究時覺得困難重重，完全看不懂。「為了達成老師交付的作業，連課餘時間去菜市場擺攤都帶著書研究，想辦法把它整理出來，後來我終於完成了模擬人眼辨識系統，沒想到老師本來根本沒預期我能做得出來。」施文進笑著說。

專題訓練有助創業

回想起來，施文進覺得做專題的過程其實蠻有趣的，也學到很多，像是從無到有的摸索，還有想要把專題弄懂的決心。施文進表示，這些自己努力解決問題的動力和歷程，其實和自己創業很像，因為創業是學校沒有教的事，就像管理，也只能告訴你管理的觀念，到底之後遇到什麼事情，都無法確切告訴你。「大學時候做專題的訓練，對於創業時是有幫助的」，當遇到問題時，會

■ 為了完成一款自製遊戲,寫程式、學美術、作美編、音樂後製、寫企劃案、寫劇本,沒有什麼事是做不到的

想辦法自己解決,不論從做專題或創業的過程中,邊學習邊克服困難,都學到非常多。

回想求學時代的生活,施文進笑說,讀書時期玩得比較多,曾經有把電腦打壞過的紀錄,著迷的時候滿腦子都是電動和程式。為了自我克制,遇到重要考試時只好把電腦收起來,除了「做完該做的事」,其他時間都在玩電腦,滿腦子只有遊戲。對遊戲的熱愛,讓施文進一心投入遊戲產業;更由於對遊戲的這股熱情,讓施文進燃起創業的決心。

打電動打出一片天

創業不只是寫程式而已,施文進說:「除了寫程式、自己還學美術、作美編、音樂後製、寫企劃案、寫劇本,為了完成一款自

■ 宇峻奧汀獲 2006 遊戲之星獎（第一排右二為施文進）

製遊戲，沒有什麼事是做不到的。」

「雖然沒有學過美術，但是當初在設計遊戲場景時，我每天都在想，要怎麼樣拼出這些場景。」施文進繼續闡述他的心路歷程：「為了想要讓每一關場景都不一樣，我出門看到某個景色都會在腦海中想像且拼湊出完美場景，後來完成的結果超乎預期，連我們科班出身的美術，都肯定我也可以走美術這方面的路，真是讓人滿開心的。」施文進表示，自己也因為寫劇本而培養了寫小說的興趣，這都是本來沒有預期到的事。

為了嘔心瀝血自製出的第一款遊戲《超時空英雄傳》，施文進

■ 與同仁開策略研討會

共花了十個月的時間，創造「奇蹟」。施文進說：「沒有錢、也沒有退路，就是要在時限內做出來。」抱持這樣的決心和壓力，施文進每天工作量非常大，面臨各式挑戰。

連睡覺都想著同一件事

除了自製遊戲，連經銷商生產、通路、包裝全都自己搞定，關於遊戲的一點一滴皆親力親為完成，遇到問題，就是想辦法解決，沒有不能迎刃而解的事。「我整天茶不思飯不想，連做夢睡覺都想著同一件事情！」

就是這樣邊做邊學的毅力和努力，完成了這款得獎遊戲《超時空英雄傳》，也奠定了創業根基。

■ 宇峻奧汀自製遊戲產品，獲得多項獎項肯定

施文進　　電子工程系二技 82 年畢業
現職：宇峻奧汀科技股份有限公司董事
主要經歷：宇峻奧汀科技股份有限公司董事長・宇峻科技有限公司負責人

4

組織眾人智慧的
管理家

三次轉折中
找到自己的路

帝寶工業公司總經理 **賴瑞華**

帝寶工業總經理、凱威管理顧問有限公司負責人賴瑞華，是臺灣科技大學工業管理系第一屆畢業的校友，專科時賴瑞華原本就讀化工科，但報考台科大時，由於只招收工業管理、電子工程兩個科系，他只好隨緣報考工業管理。然而，這一個轉變，卻更符合他的性向才華，也間接造成賴瑞華二十年來以管理顧問為業的生涯發展。

職涯三次重大轉折

回顧三十多年來的工作經歷，賴瑞華說，大抵上有三次重大轉折，其一是 1977 年從國營事業跳到民營中小企業，其二是自民營企業的 CEO 轉任中國生產力中心擔任管理顧問師，其三是自創管理顧問公司。

當時的國營事業不易考取，賴瑞華在 1972 年考入公賣局，分發至花蓮酒廠，翌年轉考入中國石油化學公司，分派在頭份廠。在國營事業工作的這幾年是他身為化工專長工程師的歷練。賴

■ 賴瑞華從三次職涯轉折後找到自己的路

瑞華說，國營機構人情味濃，主管待人和氣，各項技術資料都開放，對有心要學習成長的年輕人幫助很多，可以很快吸收專業技能和經驗。

　　大學同班同學因家族經營的製帽公司生產出現瓶頸，邀聘賴瑞華擔任廠長，企圖力挽狂瀾，轉危為安。賴瑞華說，當時他還是在校的第一年，就得到同學有意聘請他出任其家族擬設置的大型製線工廠，這樣的知遇之恩讓他不顧主管、家人、師長的反對，毅然決然辭去公職，離開中石化接受邀聘。

從企業輔導者到創業

　　1985 年石滋宜入主中國生產力中心，改變經營模式，以輔導台灣之企業升級為宗旨，當時賴瑞華擔任泰昌鞋業的執行長，在深思生產力中心的工作性質以及個人專長發揮後，他決定轉換職涯角色，從管理者開始另一段以輔導為主、授課為輔的四年歷練。

　　賴瑞華笑說，這麼大的職涯轉變，風險滿大的，因此，對自己的能力、性向、才華的深切認知是必要的。賴瑞華對自己十多年

■ 與帝寶工業同仁合影

來的管理專業知識及經驗有充分信心，也對輔導公司經營及講授
管理課程的能力、技巧有相當把握。所以當時就覺得水到渠成機
會來了，勇敢轉入。

四十歲走出自己的路

四十歲那年，賴瑞華從外在環境的觀察、顧問行業的未來遠景
分析，以及自己四年顧問工作的心得、成效、褒貶回應後，認為
應該可以自行創業，走出自己的路，於是他在 1989 年創立凱威

■ 代表帝寶工業獲頒「安全認證優質企業」

管理顧問公司，至今已快二十六年。

　　受賴瑞華輔導的廠商大多是長期持續簽約的，一年一簽，每年雙方都可以反省檢討是否輔導的次數、方向策略要改變或修正，讓輔導更加有效。2004 年賴瑞華擔任帝寶公司總經理，他表示，接任帝寶總經理的職位是因為他是帝寶十六年的長期顧問，不論內外事宜，都較能與許叙銘董事長相知相惜、相輔相成，所以許董事長信得過他，公司內各級主管也可以接受他的領導，如此才能政通人和，同心協力創造顛峰業績。

■ 過去擔任過十餘年的帝寶工業顧問，後被敦聘為帝寶總經理，並帶領公司持續向前

發揮個人特質與才華

從中石化到同學家族企業東興紡織工作，以及被帝寶工業敦聘為總經理的經歷，賴瑞華勉勵學弟妹要好好發揮自己的人格特質與才華能力，如此自會創造就業機會。

賴瑞華說，負責認真、淡泊寧靜、誠信真摯、領導魅力、熱忱、機智等，這些好的人格特質周遭的朋友、同學、親人都會看在眼裡，覺得你是可以「交重」的人，很有可能就會敦聘你成為事業

■ 守時守信、重情重義是賴瑞華謹守的人生哲學

夥伴。

　談到創業，賴瑞華認為，創業者要有「只許成功，不能失敗」的堅毅決心，不僅要深思熟慮掌握成敗的關鍵因素，更要懂得佈局、造勢及廣結人脈，否則即使創業了，未必能持久。

　「守時守信重情重義」是賴瑞華一直謹守的人生哲學，希望在為人處世上能夠不犯下大錯，將來回顧此生的作為時，能有不虛此生的安慰。

賴瑞華　　工業管理系二技 65 年畢業　　現職：帝寶工業公司總經理
主要經歷：泰昌鞋業執行長‧凱威管理顧問公司創辦人

人生就是
不停的奮鬥

前晶訊科技董事長 羅台生

　　身為臺灣工業技術學院第一屆畢業生的羅台生，歷任台灣通用、宏碁、飛利浦等知名科技公司的高階主管。他為宏碁開拓外銷訂單，八年中從零衝到一百億元，接手連續虧損九年的艾美達，隔月就轉虧為盈。羅台生坦言，自己個性不安於現狀，且勇於面對新挑戰，換句話說，將作家「九把刀」所言：「人生就是不停的戰鬥」，發揮得淋漓盡致。

台灣通用百中取一

　　大安高工畢業後，羅台生考上台北工專，畢業後當兵，1973年退伍前夕就找到五份工作。羅台生說，當時選擇報考台灣通用，連續考試兩個月才錄取，後來才知道，原來他是三千人報名只錄取三十人的菁英，等於「百中取一」，成為台灣通用重點培養的「黃埔一期」核心幹部。

　　1974年爆發全球第一次能源危機，政府推動「十大建設」挽救經濟，為培育工程界需要的高級技術人才，政府成立臺灣工

■ 羅台生歷任台灣通用、宏碁、飛利浦等知名科技公司的高階主管，在人生不同階段勇於面對挑戰

業技術學院。羅台生說，當時他就職的台灣通用公司，員工人數也從一萬八千人裁到剩下八千人。被總公司視為重要人力資產的「黃埔一期」不在裁員名單內，但看著不少幹部被裁員，他決定報考臺灣工業技術學院，盼少一個人被裁員。

考試沒人敢作弊

羅台生順利考上臺灣工業技術學院工管系，第一屆僅有一百五十名學生，羅台生回憶，當時教職員有一百八十人，加上是第一屆學生，每一名學生都被師長盯得很慘，「考試沒人敢作弊」，校方還將學生姓名與成績和畢業學校名稱放在公佈欄，激起學生的好勝心，作業更是多得不得了，但同學間彼此合作，所以感情非常好。

當時台科大全校僅有一棟建築，周遭全是稻田或空地，下雨時閃電、雷擊經常落在學校附近，不少毒蛇為閃避雷電而躲避到教室，嚇到不少同學，曾經受過山訓的羅台生，勇敢的把蛇抓起來，「再拿回家泡酒」。

■ 在宏碁時負責開發海外市場，從零開始八年衝出百億營業額

人生第二個八年的高峰

畢業後羅台生回到台灣通用，一路從助理工程師升到總工程師，管理四千八百名員工。當時不到三十歲的他發現，管理階層的經理永遠都是外國人，知道自己再也爬不上去，渾身衝勁的他不想年紀輕輕就在台灣通用養老，剛好宏碁創辦人施振榮找上他，雙方一拍即合，於是羅台生結束在台灣通用八年工作，轉往宏碁，打造人生另一個八年的高峰。

當年宏碁以內銷為主，施振榮想借重擁有工廠管理經驗的羅台生，成立中南部分公司。羅台生認為，內銷無法完全發揮他的長才，於是選擇宏碁還沒有的外銷業務，從零開始親自負責找出外銷產品，尋找國內代工廠，包括台達電就是當初的代工廠，並親

■ 為宏碁開拓外銷訂單、並勇於接手虧損九年的艾美達

自到國外找客戶，從北歐的瑞典、挪威等國家開始拓展市場，然後一路往中歐、西歐、南歐，再銷往美國。「從地方包圍中央」的策略奏效，八年的營業額從零後來成長到一百億元新台幣。

扛兩百公斤隻身闖北歐

雖在宏碁衝出亮眼的銷售成績，其實風光的背後，暗藏不足外人道的辛酸，羅台生回憶說，「萬事起頭難」，宏碁的外銷部門，一開始因接不到外銷訂單，員工發不出薪水，他為此煩惱不已，而自己「實拿」的薪水，也僅約台灣通用的一半，其他當作「投資」公司。但「好心有好報」，後來這些投資也得到優渥的回報。

為了推銷產品，羅台生隻身前往寒冷北歐，目錄加上產品「電腦學習機」共重約兩百公斤，全都得一個人扛，甚至有一次遇到

■ 與同學合影

「人到行李卻沒到」的窘境，身穿短袖的他，忍著 12 月的刺骨寒風，硬著頭皮找客戶借錢，懂得隨機應變的他，還向借錢的客戶推銷產品。另有一次在義大利時，他發揮業務的長才，讓一位義大利客戶下訂十五萬美元產品，還喝到一瓶價值十五萬美元的佳釀。

最值得回味的代表作

後來因故離開宏碁，先後前往群光、藍天等多家科技公司服務，其中前往艾美達（美商 Aavid）之前，朋友都勸羅台生「危樓莫入」，因當時艾美達已經連續虧損九年，不服輸的羅台生偏認為，「這是挑戰自己的好機會」，毅然接下艾美達亞太區副總裁。

上任後羅台生大刀闊斧關掉多數賠錢工廠，「第二個月就賺錢」，一年半之後，過去連賠九年的虧損補平。隨後台灣遇上 SARS，整個社會陷入高度恐慌狀態，羅台生將上班時間延後，

避開上下班與用餐人潮，並帶領員工爬山健身，結果公司獲利創下歷史新高。別出心裁的管理方式，至今仍讓羅台生引以為傲，「這是我擔任管理者最值得回味的代表作」，可說是一生管理的精髓。

要思考工作的未來性

為了陪伴高齡的媽媽「走最後一里路」，羅台生數年前從晶訊科技董事長退休，並努力為母校台科大奔走，盼將經驗傳承給學弟妹。羅台生說：「學生本分就是把書念好。」在校時好好念書，透過社團或念書結交好友，因為出社會後，這些好友將是最能幫助你的人。

踏入社會謀職時，不要好高騖遠，「不要只考慮薪水多寡，而要思考工作的未來性」，他也看好未來雲端領域將是重大商機，建議學弟妹要緊盯雲端發展。

羅台生　　工業管理系二技 65 年畢業
主要經歷：飛利浦（Philips）亞太區總經理
　　　　　艾美達（美商 Aavid）亞太區副總裁
　　　　　晶訊科技股份有限公司董事長

春風之路
從不悔

香港科技大學講座教授 **魏國強**

「喜歡做學問、念書，兼顧理想與現實，我選擇了教育界春風化雨之路。」臺灣科技大學工業管理系傑出校友、香港科技大學講座教授魏國強誠懇說道。在教育界作育英才三十一年，以愛與希望吹拂莘莘學子，這一趟教育春風之路從不後悔。魏國強說，無論從事哪種行業，樂觀進取、心存感恩，懂得成就分享，將希望放在心中，就不會被任何困境擊退！

轉系轉出生命契機

擔任香港科技大學講座教授的魏國強，已然是國際知名學者，透過數百場的授課、演講，將他在台科大領會的智慧點滴，透過他的眼和口傳播到世界各地。

「從小，我的志願很簡單，就是離開農村！」魏國強說，自己少年家庭環境不好，長輩都希望他能當老師，圖一口穩定的教職飯碗。當年青春氣盛，自己不喜歡這樣的教職工作，決定考進高雄工專機械系，念了一年多，因這行業學起來感覺像「黑手」，

體力不堪負荷，所以轉系進「化工系」，想不到轉系的念頭，轉出了生命的另一個契機。

五專畢業當兵後，雖然考上化工高考第一名，但並未進入公家機關工作，第一份工作反而選擇了一家美商台灣聚合公司。工作一年半後，1975 年欣逢臺灣工業技術學院辦理第一屆招生，魏國強說，當年台科大第一屆僅電子系與工管系辦理招生，雖然和自己過去所學截然不同，但想繼續念書的念頭戰勝一切，因此，決定自習，很幸運地考上工管系，進入台科大學習。

■ 魏國強在教育界作育英才三十一年，以愛與希望吹拂莘莘學子

從工程轉商管終不悔

年輕就是勇氣，就是敢於面對各項挑戰。魏國強說：「我的人生好像都在面臨各種抉擇，但做了就不後悔。」因此，面對「從工程轉商管」的風氣時潮，魏國強也搭上這班列車，同時因為自己的數學課程最得心應手，這股學習興趣加上競爭優勢的考量，此後，他逐步踏上與數字財務有關的科系續攻學術之路。

「人生有一大部分不是自己刻意安排的。」魏國強自台科大畢業後，進入政治大學企研所管理碩士班，因為對財務有興趣，在

政大企研所念一年博士班，1980年前往美國伊利諾大學香檳校區深造，轉攻財務，畢業後留在美國教書，自 1984 年 1 月至 1992 年 6

■ 與香港中文大學現任院長（左）一起參加宴會

月間先後任教於美國密西西比州密西西比大學、佛羅里達州邁阿密大學和印地安那州印地安那大學。

1992 年，印地安那大學的一場學術研討會開創了他返回華人世界的契機。在開國際研討會期間，他遇到一位學界的朋友：前任香港嶺南大學校長陳玉樹教授，陳教授詢問他有無興趣到香港新成立的香港科大任教，願意出機票讓他到香港看看。這個契機，讓魏國強有機會回到亞洲。到香港一看，覺得環境不錯，孩子們也可以讀英語學校，同時太太也很喜歡，因此舉家離美至香港科技大學任教，回到亞洲華人世界。

學術路上樂此不疲

回頭看這一切，魏國強最感恩的就是台科大。他說：「因為沒

■ 與妻子（左一）和日本友人夫婦（右一、右二）共同出遊

有台科大，可能就會一直往化工走，然而工科實在不符合自己的個性、專長，再加上自己比較喜歡做學問、念書，最後終於達到心中的理想。」

魏國強說：「除了教書就是做研究，做自己喜歡的研究，必須鞭策自己、要全心投入，中斷後要重新開始的成本很高。」在教育與研究這條路上，對知識經驗的累積，魏國強認為，接受腦力的激盪，開拓學術的領域，為人類的知識領域開疆闢土、接受挑戰、再上高峰，這些都讓他在學術的道路上樂此不疲。他也鼓勵同學有機會能出國進修，因為不但可以了解他國文化思想，出國之後對同質異質的世界觀會有所反思與增長。

魏國強找到了「心有所屬」的方向，熱情地做。「一旦將教育的工作當作一生志業，春風化雨之路就有希望多了。」他認為，工作就是一次一次的抉擇，在先天條件下，選擇自己相對有競爭優勢的，做起來才會事半功倍。人生充滿選擇，選擇對自己有利的方向，就是人生致勝的竅門。

影響深遠的全能教育觀念

在工作上能如此順心，其實要感謝的是背後那對開明的父母，

讓他能勇敢開朗
面對各種選擇。
魏國強說，從小
要做什麼都是自
己做決定，父母
則是背後支持的
一雙溫暖臂彎。
父親認為出人頭

■ 與嶺南大學前校長陳玉樹教授（右）一起出席北京國際研討會

地一定要讀書，鼓勵自己要念書。不過，他熟知自己個性，只對有興趣的書投入，加上記憶力不太好，舉凡國文、地理等需要記憶性的科目都不太行，反而喜歡數學，活用科目都可以獲高分，而不服輸的個性，總是念書念到很累才會停止。

回想求學時光，魏國強猶記台科大創校時僅有兩棟建築物，雖然建築不多、學生很少，但更拉近了彼此的距離，同學經常到彼此家裡串門子，和老師更是經常閒話家常。最重要的是，學校給予豐富全能教育觀念，這是影響自己最深的回憶。魏國強說，台科大在當時開國內風氣之先，陳履安校長提倡全能教育的觀念，為工科教育注入豐富的人文涵養與多元文化，包括每星期邀請名人主講人文、藝術的內容專題，影響每一名工科出身的學生，也影響了他自己。

出國學習是重要歷練

在香港科大超過二十二年的魏國強說，香港比起台灣更具商業競爭，彈性比較大。台灣近年來人才流失嚴重，反觀中國大陸，人才濟濟，已非當年沉睡的巨龍。台灣如果想要崛起，就不能不重視技術專才的培養，建議學生應該多出國留學看看，體會新世界觀，不但培養更專業的技術，更能培養氣度寬弘的國際觀，這對台灣學生而言，是一趟很重要的歷練。

魏國強認為，面對多元文化的新競爭，包括商學、管理等各重要學科，也應該重視均衡的觀念，新時代已來臨，如何在越來越競爭的世代裡走出新格局，就是一個教育者應有的國際新觀念，更是培養重要下一代的主要課材。

感恩常在於謙和面對非凡的成就。魏國強說，成就非一個人可以獨力完成，是靠大家的幫助，正面積極面對挑戰，心存希望，就永不會被擊退。

魏國強　　工業管理系二技 65 年畢業　現職：香港科技大學講座教授
主要經歷：美國密西西比大學、邁阿密大學財務金融系助理教授
　　　　　美國印地安那大學財務系副教授
　　　　　香港科技大學副教授・香港科技大學教授

台灣
工業用紙界大老

永豐餘投資控股股份有限公司顧問 **鍾弘治**

　　永豐餘集團中最具代表性的專業經理人，是曾任永豐餘集團多家公司董事長、現任集團顧問的鍾弘治，在永豐餘二十八年，歷經永豐餘造紙集團協理、副總經理、總經理等職務，甚至擔任永豐餘工業用紙公司董事長，鍾弘治以認真、專注的態度，一步一腳印從基層員工成為台灣工業用紙界大老，更是從基層做起成為專業經理人的最佳典範。

　　鍾弘治曾獲造紙公會推薦獲選全國工業總會優良理監事楷模，也曾帶領永豐餘工業用紙公司獲得金商獎。沒有任何背景，從基層到專業經理人，台科大工業管理系傑出校友鍾弘治認為，認真做好每件事情、不推託，且不斷的學習新的知識和技能，以及與人為善的做人態度，都是成為一個成功專業經理人的不二法則。

名人演講打開眼界

　　台北市立高工（大安高工前身）機械製圖科畢業後，鍾弘治在台北工專（台北科技大學前身）就讀工業設計科產品設計組，

■ 鍾弘治是永豐餘集團中最具代表性的專業經理人，曾任永豐餘集團多家公司董事長，現任集團顧問

畢業後他與友人共組設計工作室。這時候他發現經營工作室光有技術是不夠的，還需要懂如何管理，因此鍾弘治想到學校進修管理專業知識，並在 1974 年臺灣工業技術學院第一屆招考時報考，考上工業管理系。

　　鍾弘治認為，在台科大學習的這兩年對他而言是最重要的時期，除了能從老師和同學身上學習知識，最讓他印象深刻的是每週學校舉辦的名人演講。鍾弘治說，因時任台科大校長的陳履安院長關係，學校每週都會邀請企業界老闆、知名教授、政府高級官員等來自政、商、學界的名人演講，讓他可以透過演講者的分享拓寬視野，增加遠見。陳履安院長也定時和學生座談，讓大家可以反映學習需求，這兩年在台科大真的是受益良多！

　　台科大工管系畢業進入永豐餘之前，鍾弘治曾在倉儲運輸公司、台塑集團工作，不管在哪個工作和崗位上，他總是認真做好每件事情、接受不同工作性質的挑戰。在倉儲運輸公司時，鍾弘治在貨櫃修理廠負責檢查貨櫃損壞情形，並依照損壞部位及程度不同，分派給相關部門進行維修。鍾弘治說，這時候他就開始在

■ 台科大江行全副校長（左一）與前主秘周子銓（右一）參訪永豐餘

學習管理，並學著跟不同部門的人協調。

做好每件事情、每個角色

之後鍾弘治在台塑集團服務八年，雖然一開始是考進台塑助理工程師職位，不過在主管的安排下，台塑的許多部門他都待過，包含林口長庚醫院的設備管理，以及工程管理、台塑集團人事部門都曾是他的工作內容，多元的工作性質和觸角，讓他可以更勝任每個不同的挑戰。

離開台塑，鍾弘治在永豐餘服務至今已有二十八年，歷經永豐餘造紙廠、總公司總管理處、工紙事業部等部門，擔任過協理、副總經理、總經理、董事長等經營主管職務，每一個曾經做過的職務和工作，都成為他的基石，讓他徹底發揮專業領域及管理所

■ 時任永豐餘工業用紙事業部董事長，參觀台科大建築系同學們的作品

學。

從倉儲運輸公司貨櫃修理廠員工、台塑基層工程師，到永豐餘工業用紙公司董事長，鍾弘治自基層起家，一點一滴耕耘，成為永豐餘經營團隊之一。鍾弘治說，他的每一個職務都是主管安排的，不管主管要他做什麼，他總是秉持做事不推託的原則，將工作認真負責到底地完成，並且不斷充實自我提升能力，把每一件事情、每一個角色做好。

認真的老師，認真的學生

談到最喜歡台科大的地方，鍾弘治毫不猶豫地說：「我最喜歡台科大的老師和同學！」因為台科大當時的學生都有工作經驗，會來進修都是在工作上碰到問題，大家學習動機很清楚，了解自己所欠缺的東西，因此，老師和學生互相要求很多，會主動提出想加強的部分。為了回應學生問題，老師總會盡量找資源、資料給學生，相對的對學生學習有高度要求。「我們的學習氣氛很好，

■ 參加台科大永豐餘紙家具展

就是一群認真的老師和認真的學生。」鍾弘治說。

　　除了同學和老師的良好互動，另外讓鍾弘治覺得感動的是班上同學都互相分享自己所擁有的資源，因為大家都有工作經驗，在職場上的所見所聞，使每個人能擁有的也更多。鍾弘治舉例，上個案研究課時，同學都會把自己待過公司的個案拿出來探討，由於來自不同背景，有人在大型製造業、有人在銀行業，自然而然可以接觸到多元類型的個案，學習到的知識也就更多。鍾弘治形容，經過這樣的訓練，大家畢業後的武藝超群，比起一般大學畢業生懂得更多，參加就業考試或求職幾乎無往不利。

認真、自我充實、與人為善

　　鍾弘治支持母校不遺餘力，除了常返回台科大和學弟妹分享業界心得回饋母校外，2013 年更與台科大建築系合作瓦楞紙紙家具專案，舉辦紙家具展，由永豐餘紙廠提供所需的紙材料與製作

經費，學生則設計出一系列能工業化生產、迎合廠辦建築空間需求的家具，而學生設計的辦公家具也將使用於永豐餘揚州廠房。2014 年台科大建築系畢業展的紙材、加工協助，也都仰賴鍾弘治的熱心支持。

人稱台灣工業用紙界大老的鍾弘治勉勵後進三點：認真、自我充實、與人為善。鍾弘治說，對主管交代的工作要認真負責地完成，不推託。要不斷自我充實，學習新知識與新技能，因為社會很殘酷，不成長很快會被別人取代。最後一點是與人為善，樂於合作，做個不讓人討厭的人。

對想到永豐餘工作的學子，鍾弘治建議，各種科系都可投入永豐餘事業群，永豐餘橫跨紙業、科技、金融、生技事業與公益教育事業，他鼓勵有英語能力、認真肯做、真誠的同學加入永豐餘大家庭。

鍾弘治　　工業管理系二技 65 年畢業
現職：永豐餘投資控股股份有限公司顧問・永豐餘越南紙業公司董事長
　　　品冠紙業股份有限公司董事長
主要經歷：永豐餘工業用紙股份有限公司總經理、董事長
　　　　　永豐餘工紙紙器事業部協理、副總經理、總經理
　　　　　台塑企業總管理處人事組長

理性與感性兼具
的企業家

連展科技公司總經理 **陳鴻儀**

連展科技是國內專業的電腦及通訊連結器製造領導大廠之一，
台科大工管系畢業的陳鴻儀是連展科技總經理也是創辦人之一。
陳鴻儀的創業並非一開始就順遂，卻憑著學生時期博覽群書及張
老師社團累積的經歷以及過人毅力，開創了連展科技公司。之後
更讓商品轉型，成立 LED 照明事業部門，並導入文創，結合美學、
設計與品牌，將連展帶往一條新的道路。

學會從宏觀角度看人生

「選擇技職是想要有一技之長，選擇工業管理則是服役時接觸
到管理課程產生興趣。當時認為工業管理的路很寬廣，又符合自
己興趣，因此來到了台科大。」這是陳鴻儀報考台科大的機緣。

陳鴻儀回憶當年通識課中國通史老師博學多聞與觸類旁通的教
學，開啟了他的學習大門。陳鴻儀說，老師從歷史面向讓學生發
想問題，並教導從宏觀角度看人生，引導陳鴻儀跳脫工作角色去
看自己與社會的連結。這樣的啟發讓他開始閱讀除了課內書籍以

■ 陳鴻儀是國內專業連結器製造大廠連展科技總經理，也是創辦人之一

外的領域，對他未來創業大有幫助，甚至影響他信佛，茹素十七年。

台科大兩年：黃金吸收期

在台科大求學期間，除了受老師的影響博覽群書，班上同學因來自四面八方，每位專業背景不同的同學在多元的課堂上激盪出許多火花。台科大時期是陳鴻儀收穫最多的兩年。特別的是，陳鴻儀還在救國團張老師服務過，他笑著說，原本是同學「揪」他一起去受訓，沒想到歷經許多考試關卡後，只有他撐了過來，正式成為張老師的一員。對念理工的他來說，那是全新的領域，從事的工作都與「人」有關，對人的敏感度和溝通技巧與原本所學完全不同，對日後工作也有著巨大的影響。

因為多元的吸收，陳鴻儀特別珍惜在台科大這兩年，這是他的黃金吸收時期，即便後來工作這麼多年，陳鴻儀依然沿著這種學習的軌跡不斷吸收和閱讀，也影響工作觀念與經營想法。

做事容易做人難

創業之初因經費不足，陳鴻儀不僅常常跑三點半，還發不出薪

水，向兄弟姊妹周轉也遭父親阻擋，父親希望兒子要是撐不下去就能對創業死心，找份公職安穩度日就好。越是如此，陳鴻儀心裡越要咬牙苦撐下去，發不出薪水時，只能漫無目的開車亂繞也不敢回公司。細想那段在車上掉眼淚的時光，陳鴻儀說：「同事沒拿到薪水也沒來反應過，知道我辛苦。」在許多無助的情況下將問題一一解決，持續三年的刻苦，從沒跳過票，慢慢累積了自家產品名聲後，公司狀況漸漸好轉。陳鴻儀說自己既

■ 將連展科技導入文創，為連展開創一條新道路

非富二代，從無到有，在極少資源下不斷成長需要非常的毅力。

　　陳鴻儀認為，創業要堅持，很多人雖創了業但堅持力不夠，尤其現在年輕人資源相對較多，機會比過去好，甚至不一定要創業。換個角度思考，如何在現有工作崗位上做好自己的老闆、如何實現理想、凝聚眾人的共識以及團隊合作，做好這些一樣能成就一番事業。「做事相對容易，做人比較難」是他多年工作經驗的感想。

　　陳鴻儀人緣極佳，同事員工都很喜愛他，也很支持他。他謙虛

的說，因受過張老師訓練，他的帶人法則就是：同理心和敏感度。大家互相關心自然有好的互動，沒有老闆的架子，不罵也不教訓員工，而是用體諒的角度待人，設身處地替同仁部屬想，人和人真心相待對方自然感受得到。陳鴻儀說：「早期員工離職的時候，我還會偷偷掉淚呢。」由此可見他的感性面。

將文創帶進製造業

台灣擅長製造業，一直以來賺的都是辛苦錢，連展亦是。尤其產業外移中國後，陳鴻儀開始思考：台灣競爭力在哪裡？他認為是創意和文化。文化和創意是屬於軟性的東西，軟性的東西可以更接近人的感受。陳鴻儀強調，創意包含設計和品牌。他舉例，台科大的方向很好，以設計做為軟實力，設計學院也有傑出的表現；而品牌方面，過去台灣市場太小，品牌不易走，現在有中國做後盾，有機會做品牌，品牌才是長遠的路。以連展來說，仍然沒有放棄製造業為核心，卻已將商品轉型，成立 LED 照明事業部門，專走設計與品牌路線，在短短三、四年間拿遍各大設計獎項，結合美學、設計與品牌，打造出一條新的道路。

此外，連展也投資太陽能和能源管理，在大陸設廠，標榜綠色園區，並辦學校，現在除電子、機械外，也朝綠色有機精緻農業及綠建築的教科研方向發展。陳鴻儀相信，綠能產業會越來越受

重視，對環保與經濟來說是一舉兩得。

創業三特質：樂觀、自信、敢冒險

　　時常有人問陳鴻儀：創業要做什麼準備？他開玩笑地說，不用準備。他解釋：有準備最好，但也不一定是要完全的準備才創業，他認為創業要具備樂觀、自信、敢冒險的人格特質才是重點。陳鴻儀的創業是無心插柳，原本只是幫朋友忙，自己還抱著要出國深造的念頭，沒想到這一幫就幫到現在。

　　陳鴻儀說：「創業最重要的是，需要不斷面對問題解決問題，不管做多好的準備永遠都不夠。很多人說是不是要準備到什麼程度？我覺得不是，只要想好要創業就能創業。問題在於風險的承擔，你要知道自己位子在哪，不要冒超過自己能承擔的風險。」這是他給準備創業的人最大的忠告。

不設限，懂溝通，有創意

　　陳鴻儀建議學子應該多嘗試，不要局限自己所學領域，學習範圍應該要廣，多接觸各種不同範疇。不只學校功課，還要接觸文史、社會學科等，因為領域接觸多，看事情就越廣也比較不會偏執。另外，知識爆炸的現代，取得資訊容易，但要能快速做判斷、抓重點，這是重要的訓練。

■ 參加台灣創意產業經濟論壇

　　除了本身能力，人際能力也很重要。陳鴻儀鼓勵學生在學時期要多和同學老師接觸，培養團隊能力。尤其現代網路時代越來越個人化，學生大多追求自我，與電腦為伍，只透過電腦和別人溝通，這樣很可惜。陳鴻儀認為人與人互動要實際接觸，這更真實也更寶貴。此外，現在學生創意很重要，太多知識系統可以被工具取代，唯有創意是人類本身的價值。有創意、有團隊合作能力、樂觀面對問題、還能正面思考去看人看事，不管是不是創業，到職場上都很重要且受用的。

　　陳鴻儀曾在台科大當過課程諮詢委員，建議學校教育重點可以放在兩方面，一是專業基礎教育，另一個更重要的是與實務接軌的產學合作，現在台科大在這方面已有良好的推動，也鼓勵學生要多多與業界互動。

陳鴻儀　　工業管理系二技 70 年畢業
現職：連展科技股份有限公司總經理・德臻科技股份有限公司董事長
　　　捷仕特能源科技股份有限公司董事長
　　　穎瑭永續服務股份有限公司董事長
　　　國立臺灣科技大學校友總會副理事長・台北經營管理研究院董事
主要經歷：中華知識經濟協會理事長・台灣電子連接產業協會理事長

千億零售商的推手

大潤發中國區董事長 黃明端

　　從台南西港鄉下長大，一路考上台北工專、臺灣工業技術學院、臺灣大學商研所，家中放了三次鞭炮慶賀。從放牛班成為家鄉驕傲，到現今令人敬佩的量販零售業龍頭巨人，大潤發中國區董事長黃明端說，人生總是要有挫折，才能夠逆轉勝，不論是求學歷程、工作挑戰都不間斷的他，用豐富又特別的人生體驗告訴我們成功之道。

從小混混到台大高材生

　　在沒有什麼讀書風氣的鄉下，初中被分到了放牛班，高中一個也沒考上，偶然之間看到高雄高工招生告示，便報考進入了木模科，黃明端笑說，「其實我是備取進入學校的。」這樣幸運的機緣，開啟了黃明端不同的人生路。離開台南西港鄉下，負笈至高雄讀書，窮困的生活及想為母親減輕經濟壓力的想法，成為黃明端認真讀書的動力。「當時前三名就能減免學雜費」，為了減輕母親的負擔，黃明端開始發憤讀書，成績漸漸突飛猛進，之後，

■ 黃明端從放牛班小子成為令人敬佩的量販零售業龍頭巨人

如脫胎換骨般，一路考上台北工專、臺灣工業技術學院、臺灣大學商研所。不但成績優異，還拿了不少獎學金貼補生活所需。

憶及台科大的求學生活，黃明端表示，在台科大的兩年，是他最用功也是學習最多的求學歷程。進入二技，每個同學都有過工作經驗，也清楚自己明確的目標，大家都努力學習。台科大的課程非常紮實，師資不錯、教學嚴格，替自己打下很好的基礎。

黃明端說，在台科大學習到非常多，像是教中國通史的羅龍治老師，讓他這個工科背景的人開始大量閱讀文史叢書，看了《史記》、研讀史書，對沒有人文素養訓練的他，有了另類的思想震撼教育。工管系陳貽成老師的會計課，則是奠定了會計學的堅固基礎。英文課的羅麗霞老師，總是有愛心有耐心，讓他敢開口講英文。還有許多的老師都對他影響頗深，至今受用無窮。

從潤泰到大潤發，從台灣到大陸

就讀台大商研所時期，因為一篇紡織業存量管理報告，吸引了同班同學潤泰集團總裁尹衍梁的注意，有條不紊又獨到的分析，

讓尹衍梁總裁力邀黃明端至潤泰紡織工作，一做就是十五年。黃明端說，在潤泰十五年間，有五年在工廠工作、五年做業務、五年當總經理。

1996 年，潤泰集團總裁尹衍梁決定跨

■ 從台南西港鄉下長大，一路考上台北工專、臺灣工業技術學院、台大商研所，黃明端面對各種人生挑戰逆轉勝

足零售業，找來黃明端當小組長，進行可行性研究，黃明端隨即由紡織業轉戰零售業。1997 年在台灣的首家大潤發開幕，隔年更進軍大陸上海開了第一家店，到現在大陸已超過三百家，遍及中國各地，更帶領大潤發創造千億營收，超越零售巨人沃爾瑪和家樂福。

黃明端說：「不論是紡織業或是零售業，管理的角度並沒有什

■ 獲頒 101 年台科大傑出校友（左為台科大前校長陳希舜）

麼差異。了解顧客需求、讓顧客滿意是一切的關鍵。」中國大陸
是全世界大賣場最競爭的市場，還必須理解內地的法令政策，即
使有充分資金，成功都不容易，因此，經營團隊必須有共識，擁
有共同理念和企業文化，大潤發有「信任、分享、進步」的價值
觀，大家秉持著這個信念，在天時地利人和之下，共同創造了大
潤發在大陸的輝煌戰績。

走遍大陸五百城鎮

　為了了解顧客需求，黃明端擁有敏銳的觀察力以及征戰各地、
全年無休的好體力。黃明端笑著說：「以前是看《八千里路雲和
月》的主持人走遍大江南北，現在自己常常一下子就行了八千里
路，至今至少走遍大陸五百個城鎮。」

黃明端到各地考察時，總會細心觀察當地的人吃什麼？穿什麼服裝？搭什麼鞋子？有沒有化妝的習慣？他也愛逛傳統市場，看看當地人飲食習慣和居住的環境、房子使用空調情況、出門和汽車使用比率，了解他們究竟缺了什麼，大潤發可以提供什麼。這樣敏銳的觀察在地民情，了解各地顧客不同需求、讓顧客滿意，奠定了大潤發的成功基礎。

　　大潤發在大陸的快速展店，讓黃明端工作忙碌、全年無休，難道他都不需要休息或覺得疲憊嗎？黃明端說：「我總是把考察當作出去玩樂，只要持有這樣的心態，工作時總是快樂的，也期勉年輕人用這樣的態度面對自己的工作。」

挫折、逆境是更上層樓的契機

　　在大陸常駐了十幾年，黃明端對兩岸年輕人有著不同的看法。他表示，大陸大學生有許多創業及就業機會，如果是完全沒有工作經驗的大學生想要在大陸工作，大陸學生比較佔有優勢，畢竟人親、土親；相反的，台灣的大學生如果要到大陸工作，一定要有更堅強的意志力，要更能吃苦耐勞。

　　黃明端建議，台灣的學習環境和管理經驗較具優勢，因此可以在台灣先工作幾年累積實力，再以此經驗赴大陸發展，能有更好的發揮和薪資待遇。黃明端說：「越早碰到挫折絕對是一件好事，

■ 2012 年 3 月 24 日於台科大校慶典禮致辭

面對挫折和困境的態度，可以讓人運用智慧，從中學習成長，不被對手所擊敗。」挫折、逆境絕對是讓自己更上一層樓的契機，有著耐心和面對困挫的勇氣與智慧，就能越來越成功。

黃明端　工業管理系二技 70 年畢業
現職：大潤發中國區董事長
主要經歷：潤泰紡織股份有限公司總經理
　　　　　大潤發流通事業股份有限公司總經理
　　　　　潤泰紡織股份有限公司品檢員

全方位
設計人

台灣創意設計中心董事長 林榮泰

　　臺灣藝術大學設計學院創意產業設計研究所教授林榮泰，現任台灣創意設計中心董事長。在設計學界資歷逾四十年，曾任明志技術學院校長、長庚技術學院校長、台灣人因工程學會秘書長、中華民國設計學會理事長。林榮泰教授的專長為工業設計，更橫跨設計、管理、教育領域，研究成果豐碩並獲多項專利。紮實的觀念技巧與專業學養，及跨領域的思辯整合與應用融通，讓林榮泰在設計界卓然成師，成為設計人精進專業與縱橫創意的典範。

忠於每一個選擇

　　林榮泰的求學與職涯歷程是一連串的選擇，他說：「忠於每一個選擇，讓我在每個階段獲益豐碩，並一步步累積經驗！」由於家庭經濟因素，高中聯考時他放棄了以升學為主的台南一中，選讀著重專業實務的明志工專（明志科技大學前身）工業設計科。五專畢業後，林榮泰在明志工專從助理、助教做起，工作七年後考上臺灣科技大學工業管理系，從設計範疇跨足管理領域。

■ 林榮泰在設計學界資歷長達四十餘年

回憶就讀台科大工業管理系時期，林榮泰說，台科大工管系老師不以傳統考試驅策學生，而以實務題目、繳交報告與討論方式提升學生程度，如此學習方式讓林榮泰得到一個重要觀念：畢業證書固然重要，真正學到東西更加重要！此外，在台科大時，林榮泰印象最深刻的是師生之間的教學相長。他說，老師都具備心胸氣度和深度，學生則多帶有工作實務經驗學習理論基礎，師生年紀相仿，彼此在理論與實務間相互學習，成長不少。

奇妙的自我行銷及巧遇

林榮泰於台科大畢業後，先回明志工專當講師，之後獲得國科會獎學金出國深造，他以一年半時間取得碩士資格，1992 年取得美國麻州塔夫斯大學（Tufts University）工程設計博士學位。回國後，林榮泰先擔任明志工專及長庚大學工業設計科系主任，並在明志工專創辦人暨董事長王永慶先生的邀約下，任職兩校的校長。王永慶先生對林榮泰的賞識與重用，來自於一段精彩的自我行銷溝通。

■ 二技工管 69 級畢業旅行

　林榮泰笑著說：「在明志工專任教時，在台塑大樓策畫了一個
名為『海盜變船長』的設計展，為了讓王永慶先生能停留下來看
看這個展覽，我在他每天上班的路上等待。有一天真的見到王永
慶先生，把握機會花了三分三十秒向他介紹展覽，引起王永慶先
生的興趣。」這奇妙的自我行銷及巧遇，贏得王永慶先生的賞識，
也說明設計創意也需要行銷。

定位全球市場，展現在地特色

　林榮泰結合自身設計專業與管理專才，在教育領域中以創意美
學和應用實務引領學子，融合了他在跨領域所開展出的視野。近
年來，林榮泰多涉獵文化創意產品設計，並投入創意教育及文化
創意產業推動，成為全方位的設計人。

■ 與台科大名譽教授林草英教授（右一）訪日

　　「任何人都可以念設計系，設計教育的目的並不是要造就天才。」林榮泰認為天生的稟賦是不須教導的，而設計系屬於應用科系，教導設計學生如何應用所學到各行各業，才是教育精髓。設計無疆界，設計應該和其他產業結合，林榮泰舉例，台灣的傳統產業面臨轉型，台灣的設計現在正好可以與傳統產業結合，例如文創、旅遊、觀光、休閒、精緻農業等，設計結合傳產，將目標定位為全球市場，產品展現在地特色，將能讓傳統產業煥然一新，利用創意開展出嶄新的出路。

體驗生活，培養觸感能力

　　林榮泰說，昔日，設計系著重學習技藝的硬功夫；今日，設計人更需要洞見、觀察力及同理心，設計師本身也是使用者，須從

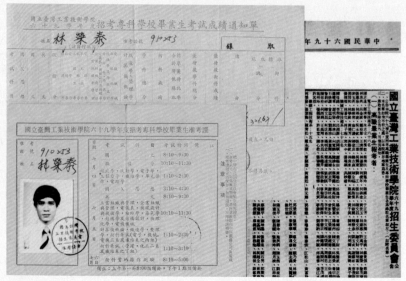

■ 報考臺灣工業技術學院（台科大前身）時的准考證及錄取成績通知單

使用者角度來檢視設計。林榮泰觀察現在學生大多活在電腦中，缺乏生活體驗，設計系應訓練學生對生活產生強大的觸感，發展出自身的觸感能力及生活風格，多多體驗生活，才能與設計真正互動，再從互動邁向應用，成就出傑出的設計作品。在能力方面，他認為網路發展與搜尋引擎讓知識取得變得容易，但如何歸納整合所得到的資訊和知識，將資訊系統化，才是未來設計人才的主要能力。

　林榮泰從工業設計跨領域至工業管理，體認到在工程學院中的工業設計系，缺乏向上的規劃能力及向下的行銷能力，因此，當他籌設長庚工業設計系時，便將其歸制於管理學院，強化學生從管理、設計到行銷之綜合實力。

文創：美在多元，貴在差異

　　談到文化創意產業的特色，林榮泰說：「美在多元，貴在差異。」他提到，從設計到商業應用，所需的人才是創意經紀人及品牌策展人，創意經紀人負責溝通設計師與生產者，品牌策展人連結創意人與使用者。

　　林榮泰也期許推展設計美學、扶植設計及創業產業，並推廣美學經濟。他提到，每年由經濟部主辦、台灣創意設計中心與中華民國對外貿易發展協會承辦的「新一代設計展」，是全國各大專院校設計系所畢業成果聯展，提供設計新秀展現創意能量，並與設計產業及國際接軌，便是連結學校與產業的絕佳平台。林榮泰也勉勵設計系所學子，加強跨領域學習、生活化創意及靈活運用設計的應用面，設計人的出路不僅在設計界，更能在各個產業中發光發熱！

林榮泰　　工業管理系二技 71 年畢業
現職：台灣創意設計中心董事長
主要經歷：國立台灣藝術大學設計學院院長‧創意產業設計研究所教授
　　　　　台灣創意設計中心董事‧台灣人因工程學會秘書長
　　　　　中華民國設計學會理事長‧明志技術學院校長
　　　　　長庚技術學院校長

勇於做
不一樣的自己

保聖那管理顧問公司台灣分公司總經理 許書揚

　　投入台灣人力資源界近三十年的許書揚，從台科大工業管理系畢業後，赴美國南伊利諾州立大學攻讀電腦碩士，學成歸國後進入美國運通公司（American Express），投入人力資源界，而後更從安逸的美國運通人事部轉戰日商顧問公司，擔任保聖那管理顧問台灣分公司總經理，負責台灣分公司的營運。許書揚說，因為個性力求突破，勇於面對挑戰，體驗出專業與積極是人生致勝的不二法門。

成績是一時的，職涯是長久的

　　因父親從事紡織業，許書揚順從父意，國中後選擇就讀新埔工專（現為聖約翰科技大學）紡織科。五年的專科生涯，讓許書揚認清自己不愛紡織，而後報考台科大工業管理系，儘管工管系報名者眾，幾乎任何科系的人都可來報考，但在眾多好手競爭下，許書揚自認拜優異的英文成績所賜，以第三高分錄取，順利進入台科大就讀。

■ 許書揚投入台灣人力資源界近三十年，體驗出專業與積極是人生致勝關鍵

回憶起台科大的求學生涯，許書揚對會計學印象特別深刻。記得當時修讀陳教授的會計學，因拿到全系一百五十位同學中的最高分，教授在課堂上宣布姓名與分數，並遵循往例授予「大師兄」的稱號，讓許書揚一度萌念以會計師為此生志向。但接著修讀當時人稱「殺手」、現南華大學校長林聰明教授的「成本會計」，卻只拿到六十幾分，於是又推翻想成為會計師的志向。

許書揚笑著說：「只能說當時太天真，竟用成績高低決定自己未來職涯方向。」話鋒一轉，他鼓勵同學：「成績是一時的，職涯卻是長久的」，千萬別以眼前的成績左右職涯規劃，應努力找到真正所愛。

努力找到真正所愛

許書揚接著回憶，在台科大的兩年，當時多數同學有工作經驗，同學間年齡有落差，背景也不太一樣，因為不同背景與年齡層的同學一起學習，有工作經驗的同學展現優異能力，讓他受到衝擊，在一般大學是不會存在這種狀況，大家背景不同、分享不

同的職場經驗，也讓他自己提早成長。

　　台科大畢業，許書揚退伍後搭上「去去去、去美國」的留學風潮，考量電腦是當時最夯領域，管院畢業的許書揚即使對電腦不感興趣，仍申請去美國大學修讀碩士課程，後來順利拿到獎學金，並正式取得電腦碩士學位。此時才發現和紡織科一樣，電腦並非最愛。

二次嘗試錯誤，終於發現最愛

　　「當初是矇著頭申請」，許書揚說，是考量到獎學金與未來就業，才會申請電腦領域，後來才發覺和自己志趣不合。因此，二十八歲返台求職時，同時收到資策會電腦工程師與美國運通人事工作的錄取通知，許書揚選擇了後者。

　　由於當時信用卡才剛引進台灣，他躬逢其盛，業務成長迅速，當時美國運通可說是「福利好、薪水好、老闆好」，是每個人稱羨的好職缺，他也順利在短短三年內晉升為公司最年輕的人事經理。但他謙虛地說：「當時只是幸運。」

　　在美國運通三年多後，許書揚毅然跳脫舒適圈，接下保聖那管理顧問台灣分公司總經理職位。許書揚說，保聖那是當時日本最大的人才顧問公司，因面試時和亞太總裁相談甚歡，十分認同公司理念與願景，加上擔任分公司總經理需負責公司成敗，他希望

■ 獲台科大校友會頒獎（左為前台科大校友會
理事長羅台生）

■ 返台科大演講（右為台科大校長廖慶榮）

趁年輕多方挑戰自己，於是毅然決然接下這個新任務。

一年轉虧為盈，業績年年成長

剛接下總經理那年，台灣分公司仍處於虧損，公司員工也僅九人。在許書揚努力下，一年後公司轉虧為盈，二十餘年來業績幾乎年年成長，公司規模擴大到超過八十名員工，分公司亦遍布台北、新竹、高雄、上海等地，成為國內人力資源界的領先品牌之一，更曾獲頒台北市最佳人才顧問公司。由於台灣分公司的優異表現，許書揚因而被日本總部賦予亞太區 CEO 的重責大任，管理中國、台灣、香港、泰國、新加坡等分公司；每年更為日本知名服飾公司 UNIQLO 面試並協助錄取千名員工。

儘管業績漂亮、公司規模不斷擴大，但無法保障一路長紅。面對網路人力平台興起，求職型態改變，許書揚先於 2000 年成立經緯智庫股份有限公司，鎖定中高階人才市場，欲提供客戶更精

■ 時常返母校參加演講活動，分享經驗給台科大學弟妹

準及專業的人才推薦；隨後更因應台商在大陸之業務需求，在上海成立分公司，為台商介紹台灣中高階主管到大陸，觸角越伸越廣，力求更多可能性。

勝出關鍵：專業＋積極

許書揚總結於人力資源界耕耘近三十年「閱人無數」的心得表示：「外語＋專業」是基本要求，積極與企圖心則是勝出的關鍵。同時勉勵學弟妹，不管是什麼產業領域，未來都需面臨來自全球的競爭，應問自己可以去哪些國家爭取職缺，而不是等台灣有什麼職缺。他更鼓勵學生從大一開始為自己寫履歷，包括從參與社團、加強外語能力、爭取交換生、到業界實習等方面，讓自己的履歷更豐富，即使連續加班或外派也要毫無畏懼。如此一來，終

■ 受邀擔任 Aon Hewitt「2013 年台灣最佳企業雇主」選拔評審，與獲獎單位合影

將不是工作選擇人，而是人選擇工作，22K 的問題自然不存在。

　　身為台科大傑出校友，看到母校世界大學排名不斷竄升，許書揚心中與有榮焉。平時除了在學校兼課，也主動引薦多位人資主管進入校園，輔導學弟妹職涯規劃，頗受好評。他表示：讓台科大的世界排名繼續往前邁進，是自己的期許也是責任。

許書揚　　工業管理系二技 73 年畢業
現職：保聖那管理顧問公司台灣分公司總經理
　　　　經緯智庫股份有限公司台灣分公司總經理
主要經歷：美國運通公司（American Express）人事經理
　　　　　天下 Cheers 雜誌專欄作家‧工商時報專欄作家
　　　　　管理雜誌專欄作家
　　　　　保聖那（PASONA）集團亞太區總裁
　　　　　保聖那（PASONA）集團中國、香港、泰國分公司總經理

失敗經驗
更難得

撼訊科技總經理 陳劍威

1961 年出生的陳劍威，先後就讀台科大工業工程與管理系、台科大 EMBA、台大復旦 EMBA 境外專班。立志當業務的他，台科大畢業不久就拎著皮箱勇闖東歐，是台灣到東歐賣電子產品的第一人。樂觀又高 EQ 的撼訊科技公司總經理陳劍威說，人生充滿挑戰，總有高低起伏，「失敗經驗更難得」，是下次成功的基石。

學生會長的寶貴經驗

新埔工專（現為聖約翰科技大學）機械科畢業後，陳劍威高唱從軍樂，退伍後進入一家公司，卻有「同工不同酬」問題，薪水比交大畢業生少了六千元，自認能力不輸他人的陳劍威，發憤考上台科大工業工程與管理系。台科大兩年期間，讓只懂機械的陳劍威深入了解財務、行銷等相關知識，為往後經營公司奠下基礎。

回想起 1980 年剛入台科大，陳劍威說，同學中六、七成都在

■ 陳劍威以樂觀高 EQ 面對各種人生挑戰,將失敗經驗當作成功基石

上班,自己要念書又沒收入,於是白天上課,晚上則到南陽街補習班當導師,有時還客串微積分教師,賺取學費與生活費。日子雖苦,但這段邊念書邊工作的過程,讓自己快速成長。

陳劍威在新埔工專時曾擔任學生會長,當年在台科大讀書時,校方提供每月七千元補助及學生宿舍免費「利誘」鼓勵學生參與公共事務,陳劍威便接起台科大學生會長的職務。當時,台科大學校餐廳原本是學校管理,陳劍威擔任會長時,將餐廳管理權拿回學生手中。先後在兩所學校擔任學生會長的經驗,陳劍威認為對自己幫助很大,例如認識很多志同道合的朋友,出社會工作相互幫忙,而學生會長很像一家公司總經理,那時的經驗幫助自己對治理公司建立基礎概念,像是如何授權就是當時所學。

藏不住的生意頭腦

陳劍威相當有生意頭腦,就讀新埔工專時就曾打工賣計算機,在台科大時,也有兩次經驗讓他至今印象深刻。

他說,其中一門四學分的專題課程,老師要求學生找出一個商

品，重新再包裝、找代言並
進行銷售。陳劍威和同學合
作，以當時的一款洗髮精為
商品，從上市前的命名、包
裝，到發試用品等，一整年
下來，不僅學到寶貴經驗，
還一起賺進約二十萬報酬。
陳劍威還在暑假期間和同學
包下補習班招生工作，善用
資料分析哪些學校學生是補
習班主要目標客群，透過舉
辦升學輔導說明會找到潛在

■ 參加第一屆台大復旦 EMBA 境外專班

顧客，為補習班招攬超過四百名學生，也為自己賺進四十幾萬元
獎金。

一只皮箱走天下

　　台科大畢業當時，有九個工作等著陳劍威，他選擇長榮海運業
務員，卻被派到不喜歡的機械相關領域，一個月後辭職轉往主機
板公司聯訊科技擔任基層業務員，雖然月薪從兩萬四掉到一萬
六，但陳劍威非常喜歡該工作，後來實現他「三年走遍全世界、

到各地參展，推銷產品

年薪百萬」的夢想。

　　會走上業務員這條路，陳劍威說，主要受第一屆學長羅台生影響，當時非常嚮往學長走遍世界各地的生活。加入聯訊之後，陳劍威憑著不太流利的英文與初生之犢不畏虎的膽識，拎著皮箱闖蕩世界各國、推銷產品，成為台灣第一位進入東歐推銷PC和零組件的業務員，為公司創造驚人的業績，並升任聯訊副總經理。在他帶領下又搭上個人電腦高速成長起飛期，資本額僅一億元的聯訊，曾創下一年營業額三十七億元的驚人紀錄。

　　「一只皮箱走天下」的生活雖多采多姿，卻暗藏不少風險。陳劍威回憶，1988年首次出國前往南非，出發前一週華航飛機失事，他搭的飛機上僅有七位乘客，卻有十三名空服員。前往東歐各國，當時政局更不穩定，簽證難辦，海關人員不友善，那時沒有信用卡，出國現金有限，只能「拿著主機板樣品換現金」，甚

至「以物易物」，箇中風險不足為外人道。

走過人生第一個顛峰

陳劍威擔任聯訊副總經理，並成為公司第三大股東，由於獲利驚人，引發外界覬覦，引進某建築公司資金卻心懷不軌，問題接二連三爆發，後來出現財務危機，陳劍威家中還被裝竊聽器，最後他選擇離開。後因不忍心看到舊部屬失業，陳劍威在 1997 年創立撼訊科技公司，擔任總經理至今，轉眼將屆滿二十年。

當時進入聯訊，陳劍威不到「而立之年」，如今已過「知天命」。回憶二十餘年來的過往，陳劍威認為，擔任聯訊副總經理時，是自己人生第一個顛峰，後來被竊聽、遭公司告背信，則是人生黑暗期。創立撼訊後一肩扛起責任，面對公司的初生、茁壯、成長，虧損與賺錢，「可說五味雜陳」。

樂觀＋勇於面對失敗

對自己至今能屹立不倒，陳劍威認為，「樂觀、正面的態度」有很大幫助。大家只談成功卻不敢談失敗經驗，但「失敗經驗更難得」，因為勇於面對失敗，才能解決問題。資訊業瞬息萬變，今日失敗並不可恥，能走出失敗、挺過失敗，才有再成功的一天。

陳劍威的人生閱歷豐富，他建議學弟妹，先把英文學好，參與

■ 撼訊科技以知名的 PowerColor 品牌行銷全世界，目前是全球第三大繪圖顯示卡供應商，並躍升為 AMD 顯示卡出貨量前兩大的廠商。除了顯示卡產品外，也同時是全世界主要的 IPC 產業、車用電子和行動電源供應商

社團活動，並培養樂觀、積極的正面態度，同時不要怕失敗，勇敢面對挫折，相信以台科大學生素質，出社會後一定有很大揮灑空間。

陳劍威　　工業管理系二技 76 年畢業．管理研究所 EMBA 89 年畢業
現職：撼訊科技股份有限公司總經理
主要經歷：聯訊科技副總經理．長榮海運業務員

比別人早一步
想著未來

康定公司總經理 郭義松

　　台灣醫材公會理事長、康定公司總經理郭義松，從小的生活逆境讓他力爭上游認真學習，並且立志創業。郭義松將在台科大所學運用在公司營運上，帶領公司突破盲點，1992 年轉型發展生物醫學推出血氧濃度分析儀打響名號，創造品牌價值！

改變才能突破現狀

　　暑假時沿街叫賣冰棒，夏天幫忙母親賣冰果，冬天照顧飲食店，菜市場補貨、洗衣店裡也出現過他的身影，這小男孩就是郭義松。郭義松年幼時哥哥罹患血癌，父親傾全力醫治，青春還未開始前哥哥及父親就先後離世。三歲失怙，母親帶著年幼的他一起離開故鄉傷心地，四處搬遷。

　　看著受過高等教育的母親為了生活辛苦付出以及不被艱難打倒的韌性，郭義松從小就立志將來要創業：快點賺錢改變一切，唯有改變才能扭轉辛苦的生活。郭義松說，這些辛苦的過程不是壞事，家庭環境改變他的人生里程，對往後的發展產生很多效應，

■ 郭義松從逆境中體會出人生智慧

尤其在創業方面，過去刻苦的日子反而是重要的心靈支柱。

「既然選擇回來念書，就認真做個學生，對自己有個交代！」郭義松說。

這正是他的個性：決定了就全力以赴！在台科大念兩年書期間，陪家人的時間變少，當時還在念建中的小兒子也受到爸爸的影響，一起讀書。郭義松說：「我很感謝回來念兩年的書，讓我靜下心來，也看到在不同領域的高階管理者在管理的思維上跟自己原來不太一樣。」

經驗可以累積，知識需要管理

台科大求學期間，同學給他的影響很大。郭義松指出，學校最可貴的地方是，在同學之間做了很好的平台，找出一些不同領域但在管理上有相當程度與經驗的人在此互相交流，找到許多另類思維。另一方面，郭義松以前常常覺得「經驗」是寶貴的，現在則更注重經驗與知識的結合，並運用在公司營運上。郭義松指出，員工要對自己負責，公司要對員工負責，好的管理可以讓雙方更上一層樓，藉由系統化的管理模式，讓知識可以傳承，員工

更有發展，公司才能永續經營。「經驗可以累積，知識需要管理」是郭義松常常拿來勉勵員工的一句話，也是他在學校裡得到最大的收穫。

郭義松回想 1985 年康定創業之初發展很快，五年之內就開始在海外設點、設廠。眼見台灣產業壓低價錢的惡性競爭習慣，他因此調整公司發展方向，決策正確了，公司自然快速成長擴張。在創業的路上，郭義松永遠比別人更早一步想著未來的路要怎麼走！ 1992 年康定做了一個重大的決定：發展生物醫學（Bio-medical）。原本第一個要研發的商品血液分析儀，但在發展的過程中受到很多挫折，例如日本政府管制關鍵性零件輸出給即將導入投產的康定，讓郭義松明白基礎工業材料的重要性，重新思考如何在既有的供應鏈裡發展核心技術，才有後來的血氧濃度分析儀。

創造品牌價值

血氧濃度分析儀的上市也有一段故事：當時全世界有技術生產血氧濃度分析儀的廠商屈指可數，市場上掌控絕對優勢的美國廠商曾經企圖打壓康定的自有品牌，但郭義松堅信康定能走出一條品牌之路，不曾屈服。果然路活了，康定也證明了品牌價值，隨後陸續發展一系列所謂高附加價值的產品。郭義松堅信，只要有

■ 與日本醫療機器產業連合會理事長中尾浩治先生召開記者會並簽訂台日醫材合作備忘錄

實力、有技術就能夠站穩腳步，獲得市場與尊敬！

　　經營者要給公司的夥伴危機意識，隨時給予他們危機感，郭義松舉例說，大家都知道康定在做血氧，公司的同仁也為此感到驕傲，他卻總是告訴夥伴們不要過度的驕傲，因為後有追兵。身為經營者，郭義松也常常提醒同仁未來在哪裡，必須思考下一個產品在哪裡，建立共同的目標，無論個人還是公司，都要能走向更高更好的願景。當經營者面臨到挫折與困難的時候，郭義松則認為沉著與自信是最重要的。郭義松期待台灣產業能夠像先進國家學習。他拿德國做比方，在德國許多代理商都是百年老店，但企業對代理商卻是謙恭客氣，這樣的態度值得學習，決策要放長遠，這都是台灣產業需要努力的部分。

公益是眾人的事

郭義松表示，企業除了經營
有方，也要重視社會責任，因
為企業獲利來自於社會，少了
社會這個平台，企業也無法發
揮。郭義松在台科大兼課時常
教導學生要有社會責任，他認
為學生可塑性很高，要及早灌

■ 於英國劍橋大學與 Prof. Tim Minshall（左）討論合作研究計
畫

輸他們這方面的認知，否則將來認為只要賺大錢就能為所欲為，
不是社會樂見之事。

郭義松擔任台科大 EMBA 校友會理事長期間，曾經舉辦過慈善
音樂會，他感性的說，自己有好的家庭健康的孩子，尤其在生技
醫療產業更能感受到人類的渺小，相信大家都願意將心比心幫助
需要幫助的家庭與孩童。他說，做公益不在於你捐了多少錢，而
是眾人凝聚起來、愛屋及烏一起關心對方，細水長流才能落實公
益。

把自己的角色扮演好

郭義松表示，現代年輕人缺少戰鬥營般的磨練，因此積極的態

度,才比較容易走向成功之路。他更勉勵同學要及早了解自己,找到自己的特質。郭義松說,年輕人易有「別人可以我也可以」的迷思,可能是因為沒找到自己天生的特質而盲從。偶像劇中的男女主角永遠只有一個,認清自己本質,即使是小丑,把自己的角色扮演好,也能開創出精彩人生。

郭義松勉勵想創業的年輕學子,「創業要有決心!」當年他創業之初,老婆雖不捨但給予絕對的支持,也因為有極大的決心才能成就今天一番成績。不過,創業無情,郭義松勉勵學弟妹要在所學上有所專精,專業才是創業最好的支柱。郭義松也分享在業界屹立不搖的法則:「誠信」,希望年輕學子在職場上能把握誠信原則,穩紮穩打累積實力。

郭義松　　管理研究所 EMBA 91 年畢業‧博士 102 年畢業
現職:康定股份有限公司總經理‧臺灣科技大學管理研究所兼任教授級專家
主要經歷:台灣醫療暨生技器材工業同業公會理事長
　　　　　台灣生技整合育成中心審查委員
　　　　　經濟部技術處科專計畫審查委員‧國科會工程中心諮議委員
　　　　　國立陽明大學醫學工程研發中心諮詢委員
　　　　　全國工業總會生技產業政策諮議委員

不硬不軟的
巧實力

台灣晶技公司總經理 **林萬興**

　　台灣晶技股份有限公司是台灣第一大、全球第六大的石英元件供應商。石英元件有「數位產品脈搏」之稱，是所有數位產品內數位訊號的來源，舉凡個人電腦、數位相機、手機，都需要石英元件推動運作。如果說英特爾、德儀晶片是電腦、手機的心臟，石英元件就是啟動心臟收縮和脈搏的搏動，把血液（數位訊號）送到全身（產品）。

教師夢斷，人生轉向

　　台灣晶技的掌舵者臺灣科技大學管理研究所（EMBA）畢業校友林萬興，除了是一位成功的企業家，更是善盡社會責任的智者，正因為他曾經貧窮，念茲在茲的都是企業的社會責任。2008年台灣晶技獲得《遠見雜誌》評鑑為善盡「企業社會責任」五十強企業之一，幾乎每個月都有不同的捐款助貧計畫，包括捐物資給貧童及獨居老人、參與中國四川震災救助、舉辦慈善音樂會等。不僅扶弱濟貧，更致力於綠色採購規範與使用二氧化碳純化

■ 使組織團隊發揮無盡的潛能，是林萬興長期
自我勉勵的念頭

回收系統等環保議題。

出生於貧困的雲林農村大家庭裡，林萬興初中讀的是虎尾中學，由於家庭經濟條件窘困，課餘時間均需在田裡幫忙，雖然農事忙，但成績一直保持在前段。對林萬興來說，繼續升學的唯一選擇是報考公費的師專，順利通過筆試的他，本以為這輩子就是執教鞭了，沒想到在前往參加複試途中發生車禍，延誤了考試時間，斷送了他的「老師夢」。

在無助的情況下，林萬興隻身北上打工，住在大哥林進寶打工的瓦斯行宿舍裡，就在心情極度絕望的同時，他看到大同公司建教合作的大同高工斗大的招生廣告「半工半讀，獎學金機會多」，於是在獎學金的誘因下進入大同高工。林萬興先在大同公司家電服務站工作半年，每天穿梭在台北市大街小巷的客戶群中，從事電視、音響的維修服務工作。

十萬小本經營，兄弟同心創業

1970 年代，適逢全世界電子產業革命，經濟快速起飛，投資環境亦高度成長，電子相關產品也隨之蓬勃發展，零組件器材之

需求便應運而生。

大時代環境刺激林萬興創業的動力，在維修站當技術員時，一位店鋪老闆覺得他很老實，有天就問他要不要頂下自己的店鋪，於是 1973 年，林萬興自籌十萬元，於光華商場成立第一家販售零組件器材與精修家電產品的聯合店鋪「良興電子」（台興電子前身），踏上自行創業之路。由於光華商場是舊書攤集中市場，學生人潮暢旺，生意興隆歷久不衰，林家兄弟手足同心共創事業，互勉互補，密切合作，並將所賺的資金持續用於店面擴展，得以轉投資其他相關領域產業。

從電子零件到石英元件

「當時正是國內工業教育萌芽的階段，良興電子鄰近的臺灣師範大學工業教育系、台北工專等學校實驗室很需要這些零件，因此我們成為學校實驗室所需零件主要供應商，也向國外下訂單，解決很多學校找不到零件的困擾。」林萬興說，良興不僅提供學校教材零件，也因為進口超過二萬種電子零件，一些電子業的廠商只要有需求，他都是半夜敲門送貨，和廠商建立革命情感。

接觸電子材料的過程中，林萬興發現石英元件價位高卻不易取得，未來市場又看俏，於是和大哥林進寶興起成立石英製造廠的念頭。1983 年，由大哥負責成立了台灣晶技公司，專責從事石

■ 台灣晶技獲頒「國家品質獎」（左為吳敦義副總統）

英晶體及震盪器製造，帶領團隊一步一腳印歷經慘淡經營的困境，過程中公司也在「和諧、團結、高效率」的組織文化下，齊心協力、集中資源挺過。近幾年來晶技得以保持高度成長，林萬興也描繪出他的願景：成為全球同業經營績效最好的公司之一。

1993 年決定增資的同時，認識了鴻海董事長郭台銘並成為晶技股東之一。郭董事長那時候的一句話對林萬興影響非常大，他說：「要就不要做，要就要做最專門的。」林萬興認為，鴻海世界第一的企圖心也感染了晶技。

台科大 EMBA 獲益良多

談到當初會選擇報考台科大 EMBA，林萬興說，在一個機緣裡，他認識了林孟彥教授，經他的鼓勵考取了台科大 EMBA。兩年課程裡，學長的異業交流，使得原本就樂觀的林萬興更豁達了，而與老師同學的頻繁互動，更成為可運用於公司成長的「智庫」資源。林萬興說，公司這幾年經營的策略，從「蹲馬步功夫年，紀

律加執行力行動年，邁向優質化經營，挑戰階段顛峰……到金融風暴景氣急轉直下的藍海策略」，都與他在台科大 EMBA 所學及學校課程的豐沛資源有很大的關係。

林萬興很感念學校的栽培，他認為，選擇台科大 EMBA 是一種異業交流，讓他的管理思想更健全、更完整。也因為在在職進修領域成長很多，他很鼓勵公司高層主管到各校的 EMBA 進修，不僅可開拓視野，對公司整體營運更是大大加分！

就讀 EMBA 課程後，林萬興對投身聯誼活動不遺餘力，他曾擔任 EDBA/EMBA 校友會副理事長，也大額捐款贊助 EMBA 慈善音樂會，並積極推動台科大 EMBA 與上海復旦、交大、中歐名校 EMBA 的交流與合作，成立四校聯誼會，舉辦高爾夫球聯誼賽，也為台科大站上國際舞台。

■ 林萬興所帶領的台灣晶技獲頒桃園縣績優企業卓越獎（左為前桃園縣長吳志揚）

不軟不硬的人生態度

從一名維修站的打工小弟，到年營收破百億、全球第六大的專業頻率控制元件製造服務公司掌舵者，不軟不硬的人生態度是林萬興能夠管理得當，成功帶領公司發展的主要原因。林萬興認

為，「人」是最簡單的字，但做「人」卻最難。「如何使組織團隊發揮無盡的潛能？」一直是他長期自我勉勵的念頭。

歸納起來，林萬興的處事風格有以下幾項：組織平衡、資源整合，使各單位具「權威與信服」的條件，以求平衡與順暢的組織運作與能力；對異常問題的處理，以「出手要快、出拳要重、措施要準、工作要實」的態度要求各單位落實執行；做人處世的理念則重「巧實力」（Smart Power），不硬不軟的貼近人性及事情的狀況，做到中庸而不平庸，機巧靈活而不草率，拿捏得恰到好處，以適應人性的本質及各主管的特質、專長，化解不必要之衝突，充分發揮「和諧、團結、高效率」的組織文化。

身為台科大校友，林萬興勉勵學子要緊緊的抓住終身學習的大好機會，從與教師、同儕的互動和交流中體會與領悟，累積成自己的經驗。林萬興更鼓勵同學：為結果採取行動，為成功找方法，從習慣領域找出改變的力量，從逆境中確立自己的信念並找出自己的藍海策略，往可達領域、潛在領域邁進，「Change your mind, change your life.」（改變心境，改變人生！）

林萬興　　管理研究所 EMBA 94 年畢業
現職：台灣晶技股份有限公司總經理
主要經歷：台興電子公司董事長・台晶寧波電子公司董事長

又穩又賺的
隱形冠軍

順瀧資產管理股份有限公司董事長 **張溪石**

2013 年 5 月份《天下雜誌》「2013 年 2000 大企業調查」，以隱形冠軍——又穩、又賺——評選出既穩又賺錢的高價值企業，獲選的精華光學，以市值三百億，台灣市佔率第一、全球市佔率第五，穩坐生技股王，更連續十年每年營收成長，獲利率兩位數。精華光學創辦人之一，臺灣科技大學管理研究所 EMBA 畢業的張溪石也很「隱形」，低調的他，難得分享他的創業過程與成功之道。

挫折當轉機，意外創業路

精華光學的創業奇蹟總是為人津津樂道，二十七年前，張溪石與當時五十五歲的隱形眼鏡技師周春祿和挹注資金的朋友褚富雄，合作創立精華光學。張溪石與周春祿的緣份開始於美森聖誕樹工廠，當時，周春祿在工廠生產線旁，發現了張溪石的膽識和認真，敢衝、敢拚、人脈廣闊的他成為周春祿創業的助力。

張溪石回憶：「1970 年代遇到了石油危機，塑膠價格飆升，

■ 張溪石是勇於嘗試、敢衝敢拚的隱形冠軍，
把挫折當創業轉機，創立精華光學

聖誕樹外銷的公司面臨巨大危機，公司那時有五、六百名員工，裁員後只剩下五、六十人，自己也面臨了被裁員的命運，拿了資遣費後，只能咬著牙另謀生計！」

　　表面上雲淡風輕，面臨失業又得養家活口的張溪石，遭遇挫折反倒開啟了創業之路。談起創業的艱辛，張溪石表示，白手起家的過程都是戰戰兢兢的，一路上遇到許多困難時，總是告訴自己要冷靜下來，一一處理，想出辦法後，就全力以赴地往前衝、往前拚。就靠著這樣的冷靜和拚勁，打造了隱形冠軍精華光學。

字典裡面沒有困難二字

　　創業成功的秘訣是什麼，張溪石不假思索的說：「人生的字典裡面沒有困難這兩個字。」張溪石開玩笑的說起他當兵時的小故事：「當兵時，常須支援部隊各項公差任務，如表現良好還可以放榮譽假。不論是做砌牆工人，或者是抓山豬，雖然我不曾做過，但總是第一個搶著做做看！」

　　張溪石說，有一次部隊收到山豬勞軍大禮物，為要宰殺山豬，

■ 與校友合影

須將山豬五花大綁。山豬力氣很大，不肯就範，部隊裡的同僚弄
得灰頭土臉、無功而返，甚至連原住民同梯都束手無策。但他就
是什麼都不怕、什麼都願意嘗試，用心觀察其他人抓山豬失敗的
經驗後，張溪石抓住山豬的尾巴，將牠往地上猛力一摔，成功制
服山豬，也賺到了一天榮譽假。

超越自我，不被自己打敗

　　就是憑著這樣勇於嘗試、敢衝敢拚的精神，張溪石跳脫框架，

■ 熱心公益，愛心不落人後

改變了自己的命運。張溪石說，要一個人改變慣性、習慣並不容易，但是，每個人都不應屈服於命運，要能超越自我、不輕易被自己打敗，成功才會離自己近一點。

張溪石表示，成功也不可能輕易得到。在這樣的過程中，需要有不屈不撓的精神，要讓自己經得起考驗，對自己的目標要很執著，設定目標後勇往直前，然後一直不斷努力、求精進。另一方面要有禮貌、有自信、不能傲慢，培養自己的態度與氣質，且不被任何人看輕，就這樣一步步努力往成功之道邁進。

■ 參加台科大校友會

　　有著創業的固執、不認輸的精神和與生俱來的領導風格，張溪石分享自己成功秘訣之外，也不忘感恩團隊。張溪石說，一生中的貴人很多，待人真誠很重要，要能成功，必須能說好話，除了愛自己、也要愛別人。

　　從白手起家到成為一手打造隱形股王的推手，張溪石非常珍惜團隊，因此勉勵大家，要珍惜自己的工作夥伴、要能隨時惜福感恩，在工作時，更要無時無刻的往正面思考、往好的地方想，這樣不但能成功、也能感到更快樂。

有工作就去嘗試

張溪石以過來人的經驗勉勵年輕學子，只要有工作就先去嘗試。他表示，工作時要快樂，也需按部就班，每一個你曾經做過的工作，走過就留下痕跡。張溪石建議在找工作時看看哪個工作適合你，如果真的沒有，就求其次；再不行，再退而求其次，總是有工作能試試看。

張溪石笑說：「爛蘋果裡面總是有一顆比較不爛的吧？」先挑了，從中累積工作經驗，凝聚培養自己的能力，再進一步尋找機會。機會總是會來的，只是你做不做而已。

張溪石　　管理研究所 EMBA 97 年畢業
現職：順瀧資產管理股份有限公司董事長‧弘順資訊股份有限公司董事長
　　　台科大財金所兼任（協同教學）教授級專家
　　　台科大 EDBA/EMBA 校友會理事長
主要經歷：精華光學股份有限公司董事長‧台北市白河文經發展協會理事長
　　　　　國際扶輪 3520 地區副總監‧中華兩岸 EMBA 榮譽會長

國家圖書館出版品預行編目（CIP）資料

技職領航 影響四十：台科大 40 個翻轉人生的成功
故事 / 廖慶榮總策劃. -- 初版. -- 臺北市：臺灣科大，
遠流，2015.03
　面；　公分
ISBN 978-986-04-4304-2（平裝）

1.國立臺灣科技大學　2.臺灣傳記

525.833/101　　　　　　　　　　　　104001928

技職領航 影響四十
台科大 40 個翻轉人生的成功故事

總策劃：廖慶榮
編輯顧問：周宜雄、周子銓、黃慶東、簡桂彬
策劃總編：黃齡嬌
編輯群：黃齡嬌、王于薇、顏如欣、陳嫱
編輯助理：吳儀君、黃雅淩

出版者：國立臺灣科技大學
地址：台北市基隆路四段 43 號
電話：02-2730-3141
網址：www.ntust.edu.tw

共同出版：遠流出版事業股份有限公司
地址：台北市南昌路二段 81 號 6 樓
電話：02-2392-6899　傳真：02-2392-6658
劃撥帳號：0189456-1
網址：www.ylib.com

著作權顧問：蕭雄淋律師

2015 年 3 月 10 日 初版一刷
2015 年 6 月 1 日 初版三刷
售價：新台幣 350 元